왕을 빛낸
위대한
참모들

반가워요! 역사 속 인물 ❷
왕을 빛낸 위대한 참모들

초판 1쇄 발행 2018년 11월 20일
초판 2쇄 발행 2020년 5월 15일
기획 | 이지수
글쓴이 | 신현신
정보글 작성 | 이지수
그린이 | 강전희
펴낸이 | 김사라
펴낸곳 | 해와나무
편집 | 현민경, 오진원
디자인 | 함정인
마케팅 | 이택수
출판 등록 | 2004년 2월 14일 제312-2004-000006호
주소 | 서울특별시 영등포구 양산로23길 17 2층
전화 | (02)362-0938, 7675
팩스 | (02)312-7675
ISBN   978-89-6268-178-9 74910
　　　978-89-6268-163-5 74910(세트)

ⓒ 이지수, 신현신, 강전희 2018

• 값은 뒤표지에 있습니다.
• 책 내용의 일부 또는 전부를 인용하거나 발췌하려면 반드시 저작권자와 출판사 양측의 서면 동의를 구해야 합니다.

이 책의 국립중앙도서관 출판도서목록(CIP)은 서지정보유통지원시스템 홈페이지(http://seoji.nl.go.kr)와
국가자료공동목록시스템(http://www.nl.go.kr/kolisnet)에서 이용하실 수 있습니다. (CIP 제어번호:CIP2018034954)

제조자명:해와나무 제조국명:대한민국 제조년월:2020년 5월 15일 대상 연령:8세 이상
전화번호: 02-362-0938 주소: 서울특별시 영등포구 양산로23길 17 2층
*KC마크는 이 제품이 공통안전기준에 적합하였음을 의미합니다.
주의:책의 모서리에 다치지 않게 주의하세요.

왕을 빛낸
위대한 참모들

이지수 기획 · 신현신 글 · 강전희 그림

해와나무

| 기획자의 말 |

왕의 곁을 지킨 빛나는 참모들의 이야기

　신분제 사회에서 왕은 좋든 싫든 사람들의 주목을 받을 수밖에 없습니다. 왕은 피라미드처럼 이루어진 사회의 맨 꼭대기에 있기 때문입니다. 그래서 역사책에는 왕의 이름이 가장 많이 등장합니다. 왕은 모든 나랏일에 책임을 져야 합니다. 정치를 잘못해서 백성들의 삶이 어려워도, 외국의 군대가 쳐들어와도 왕은 책임을 져야 합니다. 가뭄이나 일식과 월식 같은 자연현상이 일어났을 때도 왕이 정치를 잘못했기 때문이라며 왕에게 책임을 지웁니다.

　왕이 아무리 능력이 있는 사람이라도 나라의 모든 일을 혼자서 할 수는 없습니다. 왕은 크고 작은 나랏일을 결정할 때 참모들의 도움을 받습니다. 좋은 왕으로 혹은 나쁜 왕으로 역사에 기록된 왕들은 그 왕과 함께했던 신하인 참모들의 역사이기도 합니다.

　이 책에는 각 시대마다 왕을 도왔던 신하들의 이야기가 담겨 있습니다. 주변 나라에게 휘둘리며 볼모를 보내야 했던 신라를 약소국의 위치에서 벗어나게 해 준 박제상, 왕건의 목숨을 구하고 고려를 지켜 낸 신숭겸, 이성계를 도와 조선을 설계한 정도전, 목숨을 바쳐 임금에게 쓴소리를 한 김처선, 왕을 대신하여 지방의 백성을 살핀 박문수, 옳은 일에는 왕에게도 맞선 최익현의 이야기입니다.

 여섯 명의 신하들은 시대는 다르지만, 각자의 위치에서 왕을 위해 최선을 다했습니다. 그것은 왕 한 사람을 위한 일만은 아니었습니다. 왕을 위한 일은 곧 나라와 백성을 위한 일이었기에 목숨을 바쳐서까지 최선을 다했던 것입니다.
 역사는 흘러 이제 왕과 신하는 없습니다. 나라의 모든 일에 무한한 책임을 져야 하는 왕도 없고, 왕을 보좌하기 위해 목숨까지 내놓아야 하는 신하도 없습니다. 하지만 시대가 바뀌어도 나라와 공동체를 위한 희생과 소신은 여전히 필요할 것입니다.

이지수

| 작가의 말 |

더 나은 세상을 위해 노력한 신하들

　박제상, 신숭겸, 정도전, 김처선, 박문수, 최익현.

　이들은 절대 권력을 가진 왕의 뒤에서 더 나은 세상을 만들기 위해, 뜻을 세워 행동하거나 용기 내어 쓴소리를 한 신하들이에요.

　누구에게나 목숨은 하나인데, 이들은 더 나은 세상을 만들기 위해 목숨을 걸고 용기 있는 행동을 했다는 점에서 충분히 우리의 기억에 남을 만해요.

　박제상은 나약한 신라가 힘을 회복하는 데 보탬이 되고자 볼모로 간 두 왕자를 구하러 갔고, 신숭겸은 자신의 목숨이 위태로운 상황에서 왕건에게 고려와 백성들을 반드시 지켜 달라고 당부하며 전쟁터에서 왕건을 탈출시켰어요. 또 정도전은 불쌍한 백성들을 위해 개혁의 의지를 굳혀 조선을 세웠지요.

　김처선은 죽음이 두려워 감히 그 누구도 말하지 못하는 연산군의 기행을 말렸고, 박문수는 영조가 백성들을 위한 정치를 펼칠 수 있도록 온 힘을 다했어요. 그리고 최익현은 개항을 막기 위해 도끼 상소를 올렸답니다.

여섯 신하 모두, 더 나은 세상을 만들기 위해 이 같은 일을 행했어요.

이 책 속에 나오는 여섯 명의 신하는 우리에게 작은 힘이라도 합치면 큰 힘이 되어 더 나은 세상을 만들 수 있다는 것, 또 자신의 목소리를 내어야지만 세상이 변화할 수 있다는 것을 알려 주고 있어요.
언젠가 '지금' 이 시간은 과거가 될 거예요. 훗날, 미래의 시간에서 뒤돌아볼 때 '더 나은 세상을 만들기 위해 참 많은 사람이 노력을 했어.'라고 기억될 수 있게 우리 모두, 우리가 살고 있는 세상에 대해 많은 관심을 갖기로 해요. 그리고 행복한 세상을 만드는 데 자신의 말 한 마디가 보탬이 될 수 있도록 노력하기로 해요.

신현신

차례

- 기획자의 말 4
- 작가의 말 6

삼국시대 · 박제상과 눌지왕

볼모를 구하고 신라의 발전을 도운 박제상 10
- 믿음을 증명하는 사람, 볼모 34

고려 시대 · 신숭겸과 왕건

임금의 목숨을 구하고 고려를 지킨 신숭겸 36
- 전쟁과 임금 58

조선 시대 · 정도전과 이성계

새로운 나라 조선을 설계한 정도전 60
- 역성혁명 84

조선 시대 · 김처선과 연산군

폭군을 향해 쓴소리를 멈추지 않은 **김처선** 86

- 임금을 위한 조력자 110

조선 시대 · 박문수와 영조

백성의 입이 되고, 왕의 귀가 되어 준 어사 **박문수** 112

- 암행어사 138

조선 시대 · 최익현과 고종

목숨을 건 상소를 멈추지 않은 **최익현** 140

- 백성의 뜻 살피기 166

삼국시대 · 박제상과 눌지왕

볼모를 구하고 신라의 발전을 도운
박제상

    나라가 처음 생길 때는 규모도 작고 힘도 약합니다. 왕의 힘도 약해서 큰 가뭄이 들거나 전쟁에 패하면 왕이 쫓겨나기도 했습니다. 왕의 아들이 뒤를 이어 왕이 되는 것도 아니었습니다.

    신라의 경우 초기엔 박·석·김, 세 성씨가 번갈아 가며 왕위를 계승했습니다. 신라에서 김 씨 왕이 왕위를 계승하기 시작한 것은 내물왕 때부터입니다.

    신라처럼 발전이 늦은 나라는 힘이 센 나라들의 틈바구니에서 많은 어려움을 겪었습니다.

    신라 눌지왕은 다른 나라의 간섭에서 벗어나기 위해 볼모로 가 있는 두 동생을 데려오려고 합니다. 눌지왕이 보낸 박제상은 두 동생을 무사히 신라로 데리고 올 수 있을까요?

"**내 아우들,** 미사흔과 복호는 잘 있을까?"

눌지왕은 고구려와 왜에 볼모로 잡혀가 있는 두 동생이 생각나 눈시울이 붉어졌다.

두 동생이 생각날 때마다 마음이 갈기갈기 찢기는 것처럼 아팠다.

"아, 정말 보고 싶구나!"

눌지왕은 아버지인 내물왕이 돌아가셨을 때가 떠올랐다.

'나는 나이가 어려서 아버지 뒤를 이어 왕의 자리에 오르지 못했어. 대신 실성이 왕이 되었지. 실성은 왕위에 오르자 내 두 동생을 다른 나라에 볼모로 보내 버렸어. 자신을 고구려에 볼모로 보냈던 내 아버지에 대한 원한을 그렇게 갚았지. 그때 난 어리고 힘이 없어 볼모로 가는 동생들을 위해 아무것도 할 수가 없었어. 아! 이렇게 오랫동안 못 볼 줄 알았더라면 어떤 방법을 써서라도 동생들을 구했어야 했는데…….'

눌지왕은 오랫동안 실성왕을 원망했다.

내물왕 시절, 신라는 백제를 비롯해 왜와 가야 연합군으로부터 공

격을 당했다. 그때 고구려의 광개토대왕은 군사 오만 명을 보내 신라를 구해 주었는데, 그 대가로 신라는 고구려의 간섭을 받아야만 했다. 고구려는 신라 땅에 병사 일부를 남겨 정치에 간섭했고, 신라가 딴마음을 품지 못하도록 왕족을 볼모로 보내라고 요구했다. 내물왕은 어쩔 수 없이 고구려에 동생 실성을 보냈는데, 오랫동안 볼모로 잡혀 있게 된 실성은 내물왕에게 불만을 품게 됐다.

실성은 십여 년 동안 고구려에 잡혀 있다가 내물왕이 죽은 뒤에야 신라로 돌아올 수 있었다. 신라를 마음대로 조정하고 싶은 고구려는 볼모였던 실성을 왕으로 세웠다.

실성은 왕이 되자 왜와의 관계를 강화해야 한다는 명분으로 내물왕의 아들인 미사흔을 왜에 볼모로 보냈다. 그 후 고구려와의 동맹을 강화한다는 명분으로 내물왕의 또 다른 아들 복호를 고구려에 볼모로 보냈다.

눌지왕은 두 동생을 생각하면 한없이 부끄러웠다. 실성왕을 이어 왕이 됐지만 동생들에게 아무것도 해 줄 수 없는 자신이 부끄럽기만 했다. 남의 나라에 볼모를 보낼 수밖에 없는 힘없는 신라의 왕이라는 게 치욕스러웠다.

눌지왕은 더는 왜와 고구려가 신라를 함부로 대하지 못하도록 해야겠다고 결심했다. 그러기 위해서는 볼모로 잡혀 있는 두 동생을 어떻게든 구출해야만 했다.

눌지왕은 늦은 시간까지 잠자리에 들지 않고 생각에 잠겼다. 며칠 동안 동생들을 구출할 방법을 궁리하다가 믿을 만한 대신 몇 명을 불러 자신의 고민을 털어놓았다.

묵묵히 듣고 있던 한 대신이 입을 열었다.

"이 일을 하기에 적합한 사람이 있습니다. 이 사람은 성품이 강직해 불의를 보면 참지를 못합니다. 아주 지혜로우며 말재주 또한 뛰어나 누구라도 설득할 수 있는 사람입니다."

눌지왕이 앞으로 바짝 다가가 물었다.

"그런 사람이 있단 말이오. 그게 누구요?"

대신이 추천한 사람은 박제상이었다. 박제상은 경주에서 멀지 않은 한 고을의 관리로 주변 사람들에게 두터운 신임을 받고 있었다. 눌지왕은 당장 박제상을 불러오라고 했다.

눌지왕과 마주한 박제상은 왕이 어떤 일로 자신을 부른 것인지 궁금했다.

"내가 갑자기 그대를 불러 놀랐소?"

눌지왕이 천천히 입을 뗐다.

박제상은 머리를 조아리며 말했다.

"아닙니다. 신에게 분부하실 일이라도 있으신지요?"

"내가 임금의 자리에 올랐으나 우리 신라가 고구려와 왜의 간섭에서 벗어나지 못해 답답하오. 그대에게 좋은 생각이 있는지 궁금하오."

뜻밖의 질문에 놀란 박제상은 한참 생각에 잠겼다가 입을 열었다.

"신이 생각하건대, 신라가 발전하기 위해서는 고구려와 왜의 간섭에서 벗어나야 합니다. 간섭을 벗어나려면 볼모로 잡혀가 있는 두 왕자님을 먼저 구출해야 합니다."

이 말을 들은 눌지왕은 박제상의 두 손을 꼭 잡고 말했다.

"그럼, 그대가 그 일을 해 줄 수 있겠소?"

"네, 임금님의 명이라면 제 목숨을 바치겠습니다."

"그리 말해 주니 고맙구려. 볼모로 가 있는 왕자들을 구하는 일이 쉽지는 않을 거요. 목숨을 잃을 수도 있는데 괜찮은가?"

"제 걱정은 마십시오. 왕자님들을 무사히 구출하겠습니다."

눌지왕과 박제상은 복호 왕자를 먼저 구하기로 했다. 얼마 뒤 박제상은 사신의 자격으로 고구려로 떠났다.

고구려에 간 박제상은 장수왕을 만났다.

"우리 신라는 고구려의 도움으로 외적을 물리친 이후 오랫동안 평화롭게 잘 지냈습니다. 이 모든 것이 대왕이 보살펴 주신 덕분입니다."

박제상의 공손한 말에 장수왕은 흐뭇한 미소를 지으며 말했다.

"허허, 그리 생각하는가. 신라와 우리 고구려는 믿음으로 다져진 사이가 아니던가? 믿을 수 없는 백제나 왜와는 같을 수가 없지. 암, 그렇고말고."

"네, 맞는 말씀이십니다. 고구려에 대한 신라의 믿음은 변치 않을 것입니다."

장수왕은 호탕하게 웃으며 말했다.

"그래, 이번 사신은 무슨 특별한 일이 있어 왔는가?"

"다름이 아니라……, 고구려와 신라는 오랫동안 믿음을 지켜 온 관계이옵니다. 그런데 복호 왕자가 아직도 고구려에 머무르는 것은 믿음을 다져 온 나라 사이에 걸맞지 않은 일이라 생각되옵니다."

박제상은 잠시도 머뭇거림 없이 말을 이었다.

"신라의 믿음은 변치 않을 것입니다. 대왕께서 동생을 보고 싶어 하는 우리 임금님의 심정을 널리 살펴 복호 왕자를 돌려보내 주실 것을 감히 간청 드리옵니다."

장수왕은 박제상의 갑작스러운 말에 얼굴색을 바꾸었다.

"지금 그대는 두 나라가 믿음으로 맺어진 관계라고 하지 않았소? 한데, 무엇이 걱정되어 복호 왕자를 신라로 데려가겠다는 말이오? 혹, 다른 뜻을 품고 있는 것이 아니오?"

박제상이 머리를 조아리며 말했다.

"당치도 않습니다. 무엇이 걱정되어서가 아닙니다. 복호 왕자가 고구려에 머문 지 십 년이 다 되어 갑니다. 우리 임금께서는 동생을 보고파 하며 십 년을 하루같이 동생이 돌아올 날만을 기다리고 있습니다. 그런 형의 마음을 헤아려 주십시오."

장수왕은 한참 동안 말이 없었다.
"그럼 한 가지만 묻겠소. 앞으로도 신라는 고구려를 믿고 따라오겠소?"
박제상은 아주 흔쾌하게 답을 했다.
"물론입니다! 왕자님을 돌려보냈다 하여 신라가 믿음을

저버리는 일은 절대 없을 것입니다. 대왕께서 복호 왕자를 신라로 돌려보내는 것은 소 아홉 마리에서 털 하나가 빠진 것에 불과합니다."

"그대의 말은 우리 고구려가 잃을 것이 하나도 없다는 뜻이구려!"

마침내 장수왕은 박제상의 말을 믿고 복호 왕자를 신라로 돌려보냈다.

눌지왕은 신라로 돌아온 동생 복호를 위해 잔치를 크게 열었다.

"그래, 정말 반갑구나. 이리 얼굴을 보게 되니 참으로 기쁘다."

꿈에 그리던 동생 복호를 만난 눌지왕은 마치 사라졌던 오른팔이 생긴 것처럼 힘이 솟고 기운이 났다. 그러나 아직도 왜에 홀로 남아 있는 미사흔을 생각하니 마음이 다시 어두워졌다.

얼마 뒤 눌지왕은 박제상을 다시 불렀다. 박제상은 이번에도 미사흔을 데려와 달라는 눌지왕의 청을 망설이지 않고 받들었다.

박제상은 눌지왕에게 한 가지 부탁을 했다.

"제가 왜로 떠나거든 신라를 배반한 자라고 소문을 내주십시오. 그리고 제 가족을 모두 옥에 가둬 주십시오. 반드시 그렇게 하셔야 합니다."

눌지왕은 깜짝 놀라서 물었다.

"배반자라니? 이해가 되지 않는구려. 어찌 나와 신라를 위해 목숨을 건 그대의 가족을 옥에 가둘 수 있단 말이오?"

"아니옵니다. 반드시 그리하셔야 합니다. 그래야 미사흔 왕자님이 돌아오실 수 있습니다. 고구려는 큰 나라이고 어진 임금이라 진심을 담은 신의 말이 통했습니다. 그러나 왜는 다릅니다. 미사흔 왕자님을 무사히 구하기 위한 일이오니 신의 말을 반드시 들어주셔야 합니다."

눌지왕은 박제상의 말뜻을 이해하고 그렇게 하겠다고 약속했다.

궁궐을 나선 박제상은 가족들과 인사도 나누지 않은 채 곧장 왜로 향하는 배에 올랐다. 뒤늦게 소식을 들은 박제상의 부인이 놀라 바닷가로 달려나갔지만 남편을 볼 수 없었다.

다음 날 눌지왕의 명령으로 박제상의 아내와 두 딸은 옥에 갇혔다. 그리고 삽시간에 박제상이 신라를 배반하고 왜로 도망갔다는 소문이 퍼져 나갔다.

왜에 도착한 박제상은 왜왕 앞으로 끌려갔다.

"저는 신라 왕의 포악함을 견딜 수 없어 이곳으로 도망쳐 왔습니다. 대왕의 충성스러운 신하가 될 수 있도록 허락해 주시옵소서."

그러자 왜왕은 의심의 눈초리로 박제상을 쏘아보았다.

"스스로 신라를 배반하고 왔다 하나 너를 믿을 수 없다. 너는 신라에서 보낸 첩자가 분명하다. 여봐라! 이놈을 당장 처형하라!"

박제상은 고개를 저으며 다급하게 말했다.

"대왕! 첩자라니요. 당치 않은 말씀이옵니다. 진정 대왕의 신하가 되고자 목숨을 걸고 바다를 건너왔나이다."

왜왕은 여전히 미심쩍어했다.

그러자 왜왕 곁에 있는 한 신하가 귓속말을 했다.

"신라에 있는 첩자가 소식을 전해 올 것이니, 며칠만 지켜보시지요."

며칠 뒤 왜왕은 박제상을 불렀다.

"내가 너의 충심을 믿지 못하였구나. 내 너를 장수로 명할 테니 큰 공을 세워 보아라!"

왜왕은 박제상에 대한 의심을 푼 뒤, 박제상을 장군으로 임명했다. 머지않아 신라를 공격할 때 박제상을 앞세울 속셈이었다.

'드디어 왜왕이 의심을 풀었군!'

박제상은 왜왕의 눈을 피해 미사흔에게 자신이 온 이유를 알렸다.

"왕자님, 저는 눌지왕의 명령으로 왕자님을 구하기 위해 왔습니다. 왜의 감시가 허술한 틈을 노려 신라로 떠나십시오. 다른 사람이 눈치채지 못하도록 조심하셔야 합니다."

미사흔은 박제상의 말에 눈물을 흘렸다.

"형님은 잘 계시는가? 어디 편찮으신 곳은 없는가? 나를 잊지 않고 자네를 보내 주시다니 이렇게 황공할 수가 없구려."

미사흔은 가만히 일어나 신라가 있는 북쪽을 향해 절을 올렸다.

마침내 기회가 찾아왔다.

구름 한 점 없는 화창한 날씨였다. 박제상은 미사흔과 함께 바다에 나가 물고기를 잡는 척했다. 멀리서 이들을 지켜보던 경비병들은 박제상과 미사흔이 낚시에만 집중할 뿐 별 의심스러운 행동을 하지 않자 점점 경계를 늦추었다.

박제상은 경비병들의 동태를 살피며 미사흔에게 말했다.

"오늘 밤이 탈출할 수 있는 절호의 기회입니다. 제가 신호를 보내면 저기 있는 배를 몰아 신라로 돌아가십시오. 신라까지 갈 동안 먹을 물과 식량은 제가 미리 준비해 두겠습니다."

"자네는 어찌하려고 나만 돌아가라고 하는가?"

"제 걱정은 하지 마십시오. 왕자님과 제가 함께 없어지면 저들이 금방 알아차리고 쫓아올 것입니다."

"그러지 말고 같이 가게나. 기다리는 가족들 생각도 해야지."

"저는 목숨을 걸고 왕자님을 구하겠다고 임금님께 약속했습니다. 그 약속을 지킬 수 있도록 해 주십시오. 다만, 신라로 무사히 돌아가시거든 제 가족을 부탁드립니다."

미사흔은 박제상의 두 손을 꼭 잡고 눈물을 흘렸다.

어느새 날이 어둑어둑해지더니 밤이 되었다.

박제상은 미사흔의 방으로 갔다.

"왕자님, 지금입니다! 서둘러 출발하십시오."

박제상은 이 말만 짧게 전하고 작별 인사도 없이 서둘러 방을 빠져나왔다.

그날 밤, 박제상은 뜬눈으로 밤을 새웠다.

'무사히 배에 오르셨을까? 지금쯤 어디를 지나고 계실까? 발각되

지 않게 멀리 가셔야 할 텐데…….'

긴긴밤이 지나고 아침이 되자 밖에서 소란스러운 소리가 났다. 하지만 박제상은 잠자는 척 방 안에서 꼼짝도 하지 않았다. 미사흔이 최대한 멀리 갈 수 있을 때까지 시간을 끌기 위해서였다.

이때 밖에서 누군가가 깨우는 소리가 들렸다.

"나리, 일어나실 시간입니다."

"어제 배를 타서 피곤하구나. 조금 더 누워 있다 나가겠다."

박제상은 피곤한 목소리로 답을 한 뒤, 한참 뒤에야 밖으로 나갔다. 그런데 사람들의 표정이 이상했다. 일본 장수 역시 다른 날과 다르게 묘한 표정을 지으며 물었다.

"나오셨습니까? 그런데 오늘따라 미사흔 왕자도 늦는군요."

"어제 배를 오래 타서 피곤하신 모양입니다. 곧 나오시겠죠. 기다려 보지요."

박제상은 하늘을 보며 헛기침을 했다.

'혹시 눈치라도 챈 걸까?'

박제상이 이렇게 초조해하고 있는데 갑자기 시끄러운 소리가 나며 한쪽에서 병사들이 떼를 지어 몰려왔다.

"저자를 결박하라!"

"미사흔이 사라졌다!"

"저자가 미사흔을 빼돌린 게 분명하다."

병사들이 달려와 박제상을 밧줄로 묶기 시작했다.

"왜들 이러는 것이오?"

박제상은 조금이라도 시간을 벌기 위해 모르는 척하며 소리쳤다. 하지만 미사흔이 사라진 것을 안 병사들은 난폭하게 굴었다.

"이자를 죽여라!"

병사들 몇몇은 미사흔을 쫓으러 바닷가로 우르르 몰려 나갔다.

병사들이 일제히 소리치기 시작했다.

"어서, 미사흔을 잡아라!"

"얼마 못 갔을 것이다!"

박제상은 밧줄에 몸이 묶인 채 밖으로 끌려 나갔다. 바다에는 한 치 앞도 분간할 수 없을 정도로 짙은 안개가 자욱하게 뒤덮여 있었다. 조금 전 뛰어나간 병사들은 안개 때문에 배를 띄우지 못하고 우왕좌왕하고 있었다.

추격하기 위해 뒤따라갔던 사람들은 안개 탓을 하며 아우성을 쳤다.

"한 치 앞도 보이지가 않습니다."

"미사흔이 탄 배도 어딘가에 멈춰 서 있을 겁니다. 안개가 걷히면 바로 따라붙겠습니다!"

박제상은 그 말을 듣고서야 마음을 놓았다.

'왕자님, 부디 무사히 돌아가십시오.'

박제상은 그 즉시 옥에 갇히고 말았다.

"너는 신라를 배반하고 왔다더니 어찌하여 미사흔을 탈출시켰느냐?"

왜왕은 분노에 들떠 소리쳤다. 그러나 박제상은 입을 다문 채 왜왕의 눈을 쏘아보기만 했다.

"어서, 내 물음에 답을 하여라."

박제상은 그제야 천천히 입을 뗐다.

"내가 여기에 온 것은 미사흔 왕자님을 구하기 위해서다. 신라의 왕자가 신라로 가는 것은 당연한 일 아니겠는가?"

그러자 왜왕은 한층 더 언성을 높여 물었다.

"너는 내 신하가 되겠다고 하지 않았느냐? 네 입으로 직접 말했거늘, 다시 한번 묻겠다. 너는 누구의 신하냐? 내 신하라고 한다면 너의 죄를 용서하고 상을 내릴 것이다."

그러나 박제상은 왜왕 앞에서 조금도 흔들리지 않고 답을 했다.

"나는 신라의 신하가 맞소!"

왜왕은 손을 바르르 떨며 분을 이기지 못하고 소리쳤다.

"네가 그리 말한 것을 후회하게 만들어 줄 테다. 내가 네 발의 가죽을 벗긴 뒤, 베어 낸 갈대 위를 걷게 할 것이니 그 입 다물라!"

그러고는 얼굴을 일그러뜨리며 다시 한번 소리쳤다.

"다시 한번 묻겠다, 마지막 기회이니 똑똑히 말하라. 너는 신라의 신하가 맞는가?"

이번에도 박제상은 조금도 머뭇거리지 않고 답을 했다.

"그렇소! 난 신라의 신하요. 난 신라의 개, 돼지가 될지언정 왜의 신하는 되지 않을 것이오."

박제상이 단호하게 대답하자 왜왕은 입꼬리를 비틀며 웃더니 무섭게 소리쳤다.

"내 너를 차고 어두운 땅으로 유배시키겠다. 거기서 불태워 죽이리라!"

왜왕은 미친 듯이 화를 뿜어냈다. 그 순간 박제상이 말했다.

"내가 죽음을 두려워할 것 같소? 죽음이 두려워 신라를 저버리는 일은 절대 없을 것이오."

박제상은 끝까지 왜왕에게 굴복하지 않아 죽임을 당하고 말았다.

미사흔은 험한 바닷길을 헤쳐 신라에 도착했고, 옥에 갇혀 있던 박제상의 부인과 딸은 곧바로 풀려났다.

옥에서 나온 박제상의 부인은 매일 고개에 올라 남편을 위해 기도를 올렸다. 그러나 슬픔과 그리움을 가누지 못해 결국 죽고 말았다. 부인은 죽은 그 자리에서 망부석이 되었다.

눌지왕은 이 소식을 듣고 애통해하며 미사흔과 박제상의 둘째 딸을 혼인시켰다. 목숨을 바쳐 동생들을 구해 준 박제상에게 조금이나마 보답하기 위해서였다.

알아두면 지식 쑥쑥! 왕 옆의 사람들 이야기

믿음을 증명하는 사람, 볼모

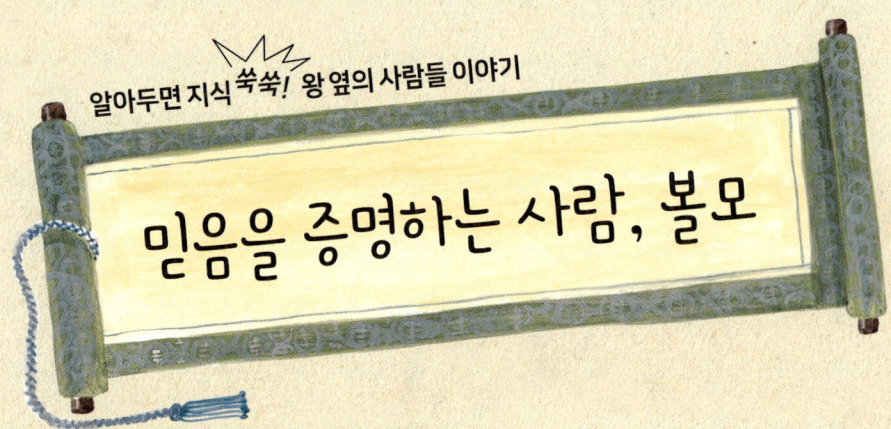

 볼모는 왜 필요한가?

나라 사이에 갈등이 있을 때 상대 나라를 억압하기 위해 사람을 잡아 두는 것을 볼모(인질)라고 해. 볼모는 요즘 사람의 눈으로 보면 사람의 생명을 위협하여 이득을 취하는 범죄 행위야. 하지만 인권에 대한 인식이 없던 예전에는 다른 나라를 통제하는 수단으로 널리 쓰였어. ==볼모는 대개 임금의 가족이나 중요한 관리들이기 때문에 볼모를 잡은 나라의 요구를 거절하기가 어려워.== 볼모의 생명이 위험해질 수 있기 때문이야. 볼모를 주고받는 일은 전쟁과 관련이 깊어. 주로 휴전을 하거나 항복할 때 복종을 약속하는 의미로 볼모를 보내지. 세력이 서로 비슷한 나라들끼리는 볼모를 서로 보내기도 해. 후삼국 때 왕건과 견훤은 평화를 약속하는 의미로 서로 볼모를 주고받은 일이 있어.

 우리 역사상 최악의 볼모

우리 역사에서 볼모로 잡혀간 최악의 사건은 병자호란 때 벌어졌어. 전쟁이 벌어진 지 한 달 남짓, 남한산성에 포위되어 있던 인조는 청나라에 항복을 했어. 인조는 항복문을 읽은 뒤 삼궤구고두를 했지. 청나라 황제에게 충성을 다하겠다는 맹세였어.

청나라의 요구에 조선은 소현세자, 세자빈, 봉림대군을 비롯한 왕족과 대신들의 자제를 볼모로 보낼 수밖에 없었어. 항복을 반대하던 오달제, 윤집, 홍익한은 청나라로 끌려가 죽임을 당했고, 헤아릴 수 없는 많은 사람이 포로로 잡혀갔지.

볼모로 잡혀 있던 소현세자와 봉림대군(뒷날의 효종)은 청나라 선양에서 조선과 청나라 사이의 외교 문제를 조정하면서 지냈어. 두 사람은 10년이 다 돼서야 풀려나 조선으로 돌아왔지만, 소현세자는 두 달 만에 원인 모를 병으로 세상을 떠났어.

자기 나라 안의 볼모

볼모는 다른 나라와의 정치적 약속을 위해서만 쓰인 것이 아니야. 나라 안에서도 볼모를 잡아두는 경우가 있었어. 신라의 상수리 제도나 고려, 조선의 기인 제도가 바로 그것이지. 지방 세력들의 힘이 강할 때 그 힘을 억제하기 위해 지방 세력의 자제들을 중앙에 머물도록 한 거야. 볼모라고 해서 어디다 가둬 둔 것은 아니고 때에 따라서는 중앙과 출신 지방의 행정 업무를 맡기기도 했어.

기인 제도는 조선 초에 없어졌어. 조선은 전국 300여 고을 대부분에 수령(사또)을 파견할 만큼 중앙의 힘이 세졌거든. 지방 세력이 약해지자 자연스럽게 볼모를 잡는 제도가 사라진 거야.

●삼궤구고두 세 번 절하고 아홉 번 머리를 조아린 것.

고려 시대 · 신숭겸과 왕건

임금의 목숨을 구하고 고려를 지킨
신숭겸

    한 나라의 운명이 걸린 전쟁에 임금이 앞장서는 것은 당연한 일입니다. 하지만 전쟁에서 임금이 죽거나 크게 다치면 나라가 혼란에 빠질 수도 있습니다.

    삼국을 통일한 신라가 힘이 약해지며 한반도는 다시 후백제, 고려, 신라로 나뉘었습니다. 후백제의 공격을 받은 신라는 고려에 원군을 청합니다. 그러나 고려군은 후백제군에게 공격을 당해 몰살 당할 처지에 놓입니다.

    위기에 빠진 고려의 신숭겸 장군은 자신이 싸우다 죽는 한이 있어도 임금인 왕건을 탈출시키려고 합니다. 이 싸움터에서 임금이 죽으면 뜻을 모아 함께 세운 고려가 어떻게 될지 누구보다 잘 알고 있기 때문입니다.

    왕건은 적진을 뚫고 무사히 탈출할 수 있을까요? 신숭겸의 도움을 받아 고려를 지켜 내고 후삼국을 통일할 수 있을까요?

"**폐하를 쫓아내라는** 말이오? 그럴 순 없소!"

왕건은 신숭겸의 말을 끝까지 듣지도 않고 거절부터 했다. 그러나 신숭겸은 물러서지 않고 말했다.

"지금의 임금은 왕비와 대군을 무참히 죽였을 뿐 아니라, 충성스러운 장수와 신하들을 역모죄로 몰아 죽이고 있습니다. 내일은 또 누가 죽을지 모릅니다."

신숭겸을 비롯해 복지겸, 홍유 등은 왕건을 찾아가 자신들과 함께 폭군을 몰아내는 데 앞장서 달라고 간청했다.

"스스로 미륵불이라고 칭하며, 부처님 행세를 하고 있지 않습니까? 어찌 감히 인간이 부처님 행세를 한단 말입니까?"

신숭겸은 미간을 찌푸린 뒤 다시 말을 이었다.

"행차를 할 때면 머리에 금관을 쓰고, 뒤따르는 스님들에게 자신을 찬양하는 찬미가를 부르게 하고 있습니다. 오로지 자신만이 세상을 구할 수 있는 구원자라고 하니, 누가 봐도 제정신이 아닙니다."

"어디 흉측한 일이 그뿐이겠습니까? 부처님의 말씀을 전하는 스

님을 철퇴로 내리쳐 죽이기까지 하였습니다. 스님들도 마음을 돌린 지 오래되었습니다."

여러 관리가 말을 이어 가는 사이 왕건은 두 눈을 꼭 감고 그들의 말을 듣기만 했다.

"관심법으로 사람의 마음을 꿰뚫어 볼 수 있다며 자기 내키는 대로 너무 많은 사람을 죽였습니다. 왕 장군께서도 관심법 때문에 목숨을 잃을 뻔하지 않았습니까. 나라 안에 쓸 만한 장수와 신하가 남아나지 않을 지경입니다. 백성들도 여기저기에서 왕을 쫓아내야 한다고 수군거리고 있습니다."

신숭겸은 궁예를 왕의 자리에서 쫓아내야 하는 이유를 조목조목 들어 말했다. 왕건은 아무 대답도 하지 않은 채 앉아만 있었다. 신숭겸은 왕건을 가만히 지켜본 뒤 다시 입을 열었다.

"왕 장군이 앞장서서 폭군 궁예를 임금의 자리에서 쫓아내야 합니다. 그리고 장군께서 임금의 자리에 오르셔야 나라와 백성이 편안해질 것입니다. 폭군을 따르는 몇몇 간신들을 제외한 만백성이 원하는 일이옵니다."

왕건의 답은 한결같았다.

"허나, 임금을 모시는 신하가 어찌 두 마음을 가질 수 있겠소? 더

구나 나보고 임금의 자리에 오르라니요…….”

 모인 관리들은 왕건의 말을 듣고 어찌할 바를 몰랐다. 쉽게 승낙하리라 생각하지는 않았지만, 백성들의 고통을 누구보다 잘 알고 있는 왕건이 이렇게 완강하게 거절할 줄은 몰랐다.

 왕건은 다시 한번, 당치 않은 일이라는 듯 고개를 크게 저으며 관리들을 찬찬히 바라보았다.

 이때 한 관리가 낮고 굵은 목소리로 간곡하게 말했다.

 "때는 두 번 오지 않습니다!"

 "때를 만나기는 어렵고 기회는 잃기 쉽습니다. 하늘이 주는 기회인데 취하지 않으면 도리어 재앙을 불러올 수 있습니다. 하늘의 명을 받아 주셨으면 합니다."

 여러 관리의 간곡한 청이 거듭됐지만, 왕건은 전혀 흔들림이 없었다.

 "폐하께 더 이상의 불충은 용납할 수 없소! 오늘 이 자리에서 벌어진 일들은 없었던 일이오. 그대들은 더는 아무 말도 하지 말고 물러나시오."

 왕건의 단호한 말에 잠시 침묵이 흘렀다.

 그때 왕건의 부인 유 씨가 나섰다.

"장군은 여기 모이신 분들의 뜻을 받아들이셔야 합니다. 아녀자인 저도 궁예의 폭정에 분노를 금할 길이 없습니다. 하물며 대장부들이 가만히 보고만 있으시겠습니까?"

자리에 모인 사람들은 깜짝 놀라 부인 유 씨를 쳐다보았다. 왕건도 놀라긴 마찬가지였다. 부인은 사람들의 시선에 아랑곳하지 않고 왕건의 갑옷을 꺼내 들고 말했다.

"이건 하늘의 뜻입니다. 백성들을 위해 앞장서셔야 합니다."

신하들도 때를 놓치지 않고 한목소리로 말했다.

"오로지 백성들만 생각하고 나서 주십시오! 오로지 백성들만 생각하시옵소서!"

"맞습니다. 이제 의로운 깃발을 들어 주십시오!"

왕건은 한참을 침묵했다. 관리들도 침묵한 채 왕건의 답을 기다리기만 했다. 마침내 왕건이 어렵게 입을 뗐다.

"좋습니다. 하늘의 뜻을 받들도록 하겠습니다. 더는 폭군의 손에 죽임을 당하는 사람이 없도록, 가여운 백성들만 생각하겠습니다."

왕건은 부인 유 씨가 꺼내 준 갑옷으로 갈아입고 앞장서서 궁예가 있는 궁궐로 향했다.

이 소식을 들은 백성들은 무서운 기세로 궁궐 앞에 모여들었다.

그리고 새로운 왕을 반겨 맞으며 소리 높여 외쳤다.

"폭군 궁예를 쫓아내라!"

"새 왕이 들어가신다, 어서 물러서라!"

상황이 심상치 않게 돌아가는 것을 알아챈 궁예는 궁궐을 버리고 도망가기 바빴다. 결국 폭군 궁예는 궁을 빠져나간 뒤 얼마 못 가 백성들에게 죽임을 당하고 말았다.

왕건은 여러 대신의 추대로 임금의 자리에 올라, 궁예가 어지럽힌 나라에 새바람을 불러일으켰다. 우선 나라 이름을 고려로 바꿨다. 고구려의 뒤를 잇는다는 뜻이었다. 도읍지 또한 송악(지금의 개성)으로 옮겼다. 송악은 교통이 편리할 뿐 아니라 왕건의 고향이기도 해서 나라를 안정되게 다스릴 수 있는 곳이었다.

왕건은 세금을 낮추어 민심을 다독였다. 무엇보다 가난한 백성들을 구제하는 일에 힘을 쏟았다. 나라 안의 모든 것이 차츰 제자리를 찾아갔다.

왕건의 즉위를 축하하는 후백제의 사신도 다녀갔다. 포악한 궁예보다는 온건한 왕건이 상대하기 쉬우리라 판단한 것이다. 그러나 고려와 후백제의 평화로운 관계는 잠시뿐이었다.

힘을 잃은 신라를 사이에 두고 곧 후백제와 싸움이 벌어졌다. 우열을 가릴 수 없는 전쟁이 연일 계속되었다. 그러던 어느 날 먼저 공격해 왔던 후백제군이 얼마 싸우지도 않고 갑자기 후퇴를 했다. 덕분에 고려군은 모처럼 쉴 수 있었다.

왕건은 뭔가 이상한 낌새를 느꼈다. 그때 신숭겸이 찾아왔다.

"폐하, 큰일 났습니다."

신숭겸은 신라에서 온 사신과 함께였다.

"장군, 무슨 일이오?"

"후백제가 신라를 공격했다고 합니다."

"후백제가 또 신라를 공격했단 말이오?"

"이번에는 좀 다릅니다, 폐하. 사신의 말을 들어 보시지요."

신라의 사신이 엎드려 왕건에게 말했다.

"폐하, 후백제가 경주로 쳐들어오고 있습니다. 어서 군사를 보내 주십시오."

왕건은 깜짝 놀랐다. 불길한 예감이 들어맞았기 때문이었다. 후백제군이 별다른 이유도 없이 군사를 뒤로 물렸을 때부터 뭔가 이상한 예감이 들었다. 그래서 즉시 송악으로 떠나지 않고 군대를 훈련하며 잠시 휴식을 취하던 중이었다.

신라 사신이 한층 다급한 목소리로 말했다.
"폐하, 한시가 급합니다. 이미 경주가 함락되었을지도 모르는 일입니다. 부디 신라를 구해 주십시오."
신숭겸도 말을 이었다.
"폐하, 서두르셔야 할 것 같습니다."
왕건이 군사들을 향해 큰 소리로 명령했다.
"전군은 출정하라!"
고려군은 서둘러 경주로 향했다. 한시라도 빨리 경주에 도착하기

위해 군장을 가볍게 하고 빠른 속도로 행군했다. 왕건은 경주가 후백제 손에 들어가는 것은 기필코 막아야 한다고 생각하며 말고삐를 단단히 틀어잡았다. 행군이 쉬지 않고 계속되자 군사들은 지쳐 갔다. 할 수 없이 뒤처지는 군사들을 모으기 위해 잠시 휴식을 취했다. 그때 신라에서 전령이 도착했다.

전령은 여러 소식을 전했다. 신라의 도읍 경주는 이미 후백제군에게 함락되었고, 후백제 왕인 견훤의 압박에 신라 왕은 스스로 목숨을 끊었다. 그뿐만 아니라 견훤은 자기 마음대로 새로운 신라 왕을 세웠다. 후백제군은 신라의 궁궐을 뒤져 온갖 보물을 약탈하고 왕족과 대신을 인질로 잡았다. 그러고는 고려군이 신라를 구하러 올 것을 예상하고 경주에서 서둘러 빠져나가려 한다는 것이었다.

왕건은 마음이 급해졌다. 경주로 가는 것은 이미 늦었으니 견훤이 무사히 돌아가는 것만큼은 꼭 막아야 했다. 왕건은 후백제로 가는 길목인 공산에 먼저 가서 매복˙하기로 했다.

왕건은 군사들을 재촉하며 쉴 새 없이 말을 달려 공산에 도착했다. 왕건은 군사를 보내 매복하기 적당한 곳을 알아보게 했다.

●**매복** 상대의 동태를 살피거나 불시에 공격하려고 일정한 곳에 몰래 숨어 있음.

그때였다. 갑자기 "와!" 하는 함성과 함께 화살이 쏟아지기 시작했다. 후백제군이 먼저 도착해 매복한 것이었다.

왕건은 군사들을 향해 소리쳤다.

"방패를 들어 화살을 막아라! 흩어지지 말고 대열을 유지하라!"

왕건의 목소리가 사방으로 쩌렁쩌렁 울려 퍼져 나가자 당황하던 고려군들이 대열을 정비했다. 그러나 그것도 잠시, 견훤의 군사들이 함성과 함께 돌진해 왔다. 마치 맹수 떼가 달려드는 것처럼 후백제군의 기세는 무서웠다.

후백제군의 화살에 맞아 고려 군사들은 순식간에 목숨을 잃었고, 칼과 창이 오갈 때마다 피비린내가 진동했다. 고려군의 전세는 위태로워졌다.

신숭겸은 맥이 빠졌다. 전세를 바꾸는 것이 쉬울 것 같지 않았다. 이대로 밤을 새우며 싸우게 된다면 고려군은 전멸할지도 모른다는 불안감이 들었다. 방법을 찾아야만 했다. 신숭겸은 급히 왕건에게 다가가 후퇴할 것을 청했다.

"그럼 일단 후퇴합시다."

왕건은 피로 벌겋게 물든 계곡물을 보며 후퇴를 명했다. 그러나 후백제군의 공격이 너무 거세 후퇴하기도 쉽지 않았다.

왕건은 어찌할 바를 몰랐다. 매복을 예상하지 못하고 서두른 것을 뼛속 깊이 후회했다. 군사들이 피 흘리며 죽어 가는 것을 보면서도 손을 쓸 수가 없었다. 적들은 더 큰 함성을 지르며 고려군의 숨통을 조여 왔다.

그 순간, 신숭겸이 왕건에게 다가가 다급히 말했다.

"폐하, 후백제군이 포위망을 좁혀 오고 있습니다. 어서 탈출하십시오."

신숭겸은 후백제군의 움직임을 살피며 왕건에게 피신할 것을 재촉했다. 그러나 왕건은 자신의 군사들을 지켜볼 뿐이었다.

"피 흘리고 죽어 가는 군사들이 모두 내 군사들이오. 그런데 내가 어떻게 이곳을 떠날 수 있겠소?"

왕건은 신숭겸의 말을 무시하고 다시 칼을 치켜들고 공격할 자세를 취했다.

"폐하, 제 청을 들으셔야 합니다. 지금의 방어선이 언제 무너질지 모릅니다. 폐하께서 몸을 보존하셔야 뒷날을 기약할 수 있습니다. 어서, 말에 오르십시오!"

신숭겸이 점점 다가오는 적들을 보며 한시가 급함을 알렸지만, 왕건은 자신의 의지를 굽히지 않았다.

그런데 그 순간, 멀지 않은 곳에서 걸쭉한 목소리와 함께 걸걸한 웃음소리가 들려왔다.

"우하하하. 화살을 더 퍼부어라! 공격하라! 왕건의 목을 가져오는 자에게는 큰 상을 내리겠다!"

의기양양하게 외치는 견훤의 목소리였다.

큰 상을 내린다는 말에 후백제군의 공격은 더욱 매서워졌다. 고려의 방어선 곳곳이 뚫리고 있었다.

신숭겸은 왕건 앞에 무릎을 꿇었다.

"지금 물러섬은 비겁한 일이 아닙니다. 고려의 앞날을 위해 어서 탈출하십시오. 폐하는 피비린내 나는 싸움을 멈추고 세 나라를 통일하실 분입니다. 여기서 헛되이 죽임을 당해서는 안 됩니다."

왕건은 말없이 신숭겸만 뚫어질 듯 쳐다봤다.

"시간이 얼마 없습니다. 김낙 장군과 제가 길을 뚫을 테니 어서 말에 오르십시오. 제 마지막 청입니다."

신숭겸이 다급하게 말하는 사이에도 화살은 비처럼 쏟아졌다. 신숭겸의 얼굴을 빤히 보던 왕건이 입을 뗐다.

"장군, 장군과 군사들을 버리고 나만 살 수는 없소. 나는 군사들과 생사를 같이할 것이오!"

그러자 신숭겸도 왕건의 얼굴을 똑바로 바라보며 말했다.

"폐하께서는 살아남아 하늘의 뜻을 받들기로 한 약속을 지키셔야 합니다. 반드시 고려와 백성을 지키셔야 합니다."

왕건은 이 말을 듣고서야 신숭겸의 청을 받아들였다.

신숭겸은 서둘러 병사들에게 명했다.

"너희들은 목숨을 걸고 폐하를 모시도록 하라. 내가 신호를 보내면 일시에 움직이도록 하라!"

신숭겸은 왕건이 죽음의 계곡을 무사히 빠져나갈 수 있게 군사들을 지휘했다.

'방어선이 무너지고 있다. 폐하께서 빠져나갈 곳을 뚫어야 한다!'

신숭겸은 무너지고 있는 방어선을 살핀 뒤 빠져나갈 만한 곳을 깃발로 가리켰다. 그러자 왕건을 호위하던 군사들은 순식간에 그곳을 향해 달렸다.

신숭겸이 군사들에게 소리쳤다.

"저곳을 향해 화살을 쏘아라! 반드시 길을 뚫어야 한다."

신숭겸은 미친 듯이 군사들을 독려했다.

후백제군의 시선은 온통 신숭겸에게 쏠렸고 피투성이가 된 군사들은 신숭겸의 뒤를 따랐다.

"고려를 위해 죽을 각오로 싸워라!"

신숭겸은 고려군을 이끌고 마지막 힘을 다해 후백제군과 싸웠다.

후백제군은 남아 있는 고려군 중에 왕건이 있으리라 생각했다. 견훤이 후백제군을 독려하며 소리쳤다.

"저기 왕건이 있을 것이다. 어서 공격하라! 활을 쏘아라!"

신숭겸은 언덕 위에서 군사를 지휘하는 견훤을 발견했다.

'다행이군. 폐하가 빠져나간 것을 아직 모르고 있으니. 조금만 더 버티면 폐하는 안전한 곳까지 가실 수 있겠어.'

그때 한 군사가 외쳤다.

"장군, 위험합니다!"

휙휙 소리와 함께 화살이 쏟아졌다. 싸우던 군사들이 피투성이가 되어 하나둘 쓰러져 갔고, 화살은 점점 더 무섭게 쏟아졌다.

이번에는 신숭겸도 피하지 못했다. 잠깐 사이에 쏟아진 화살을 피하지 못한 신숭겸은 그만 그 자리에서 목숨을 잃고 말았다.

견훤의 목소리가 하늘을 향해 울려 퍼졌다.

"우하하하, 드디어 고려군이 전멸했다!"

견훤은 왕건의 시신을 찾을 것을 군사들에게 명했다. 견훤의 목소리는 세상을 다 가진 듯 잔뜩 격앙되어 있었다.

그러나 얼마 지나지 않아 왕건이 빠져나갔다는 것을 알게 된 견훤은 땅을 치며 안타까워했다.

"아, 이것이 하늘의 뜻이란 말인가?"

한편 왕건은 신숭겸과 김락 장군을 비롯한 고려군이 죽음을 무릅쓰고 싸우는 사이 무사히 후백제의 포위망을 뚫고 빠져나갔다. 싸움에 나섰던 오천 명의 군사 중에서 왕건과 같이 살아 돌아간 군사는 수십 명에 불과했고, 큰 싸움에 진 고려는 한동안 국력을 회복하지 못했다.

공산전투에서 크게 패한 왕건은 고려의 힘을 회복하는 데 온 힘을 기울였다.

삼 년 뒤, 왕건은 견훤과 다시 만났고 그 싸움에서는 대승을 거두었다. 왕건은 그 기세를 몰아 신라의 항복을 받아 냈고, 결국 후삼국을 통일했다.

왕건은 신숭겸과의 약속을 지켰다. 반드시 고려와 백성을 지켜야 한다는 신숭겸의 말을 지켜 백성들을 피비린내 나는 싸움으로부터 구해 냈고, 고려의 힘도 회복시켰다.

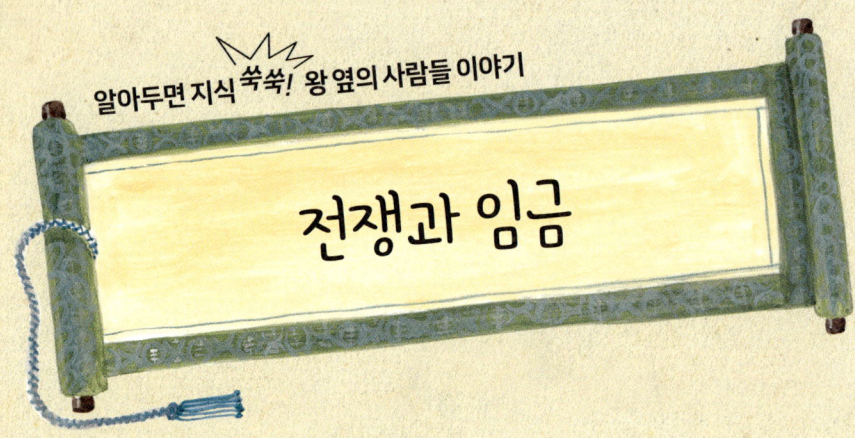

알아두면 지식 쑥쑥! 왕 옆의 사람들 이야기

전쟁과 임금

 **전쟁에 앞장서는 임금**

전쟁은 나라의 위기이자 기회이기도 해. 전쟁에서 이기면 적의 세력을 크게 약화시키거나 영토가 늘어나거든. 그러나 지게 되면 최악의 경우 나라가 멸망할 수도 있어.

따라서 전쟁이 나면 모든 국력을 한데 모아야 하고, 나라의 최고 지도자인 임금이 앞장설 수밖에 없어. 임금이 직접 전쟁에 나서면 명령 체계가 하나가 되어 일사불란하게 작전을 펼칠 수 있고, 군사들의 사기도 높아지기 때문이야.

광개토대왕은 전쟁에 앞장선 대표적 임금이지. 임금 자리에 오르자마자 전쟁터를 누비기 시작하여 죽기 일 년 전까지 크고 작은 전쟁을 직접 지휘했어. 이름마저도 넓은 땅을 개척했다는 뜻이 담길 만큼 탁월한 전쟁의 지도자였지.

 **예상치 못한 일들**

임금이 전장에 나서 군사를 지휘한다고 해서 항상 승리할 수는 없어. 임금이 잘못된 판단을 내릴 수도 있으니까. 또한 전쟁터에서는 항상 예상치 못한 일들이 벌어져. 최악의 상황은 군사를 지휘하던 임금이 전사하는 일이지.

487년 고구려 장수왕의 공격을 받은 백제의 개로왕이 전쟁터에서 전사했어.

백제의 도읍 한성은 폐허가 되어 웅진(지금의 공주)으로 도읍을 옮겨야 했고, 8000여 명의 포로가 고구려로 끌려갔지. 이후 백제는 오랜 정치적 혼란을 겪었어. 무너진 기틀을 다시 일으켜 세우기까지 오랜 시간이 걸렸지.
전쟁에 지더라도 임금이 건재하면 시련을 극복할 구심점이 있지만, 임금이 죽거나 크게 다치면 나라는 큰 혼란에 빠져. 그렇기 때문에 신숭겸과 김낙은 자신의 희생을 무릅쓰고서라도 고려를 위해 왕건을 보호하려 한 거야. 자신의 꿈과 희망인 고려가 멸망하는 것을 두고 볼 수 없었기 때문이지.

 ## 전쟁에 나서지 않는 임금

왕조 국가에서 임금은 나라의 모든 것을 의미하기 때문에 임금이 전쟁에서 죽으면 나라가 망할 수 있을 정도로 큰일이 나지. 그래서 점차 임금이 전쟁에 직접 나서지 않게 돼. 왕건 이후 고려 임금이나 조선 왕들은 직접 전쟁에 나서지 않았어. 임금은 안전한 후방에서 군사들이 잘 싸울 수 있도록 지원을 하는 일을 맡았지.

이는 군대의 성격이 변화한 것과 관련이 있어. 삼국시대나 고려 초기의 군대는 개인이나 가문의 군대로, 사병의 성격이 강했기 때문에 임금이 전장에서 직접 지휘할 필요가 있었어. 임금이 직접 지휘를 해야 반란을 일으키지 않을 테니까. 하지만 점차 왕권이 강해지고 나라의 기틀이 제대로 잡히자 임금이 앞장설 필요가 없어진 거야.

조선 시대 · 정도전과 이성계

새로운 나라 조선을 설계한
정도전

　임금은 하늘의 뜻을 받들어 백성을 보살펴야 합니다. 그렇지 않으면 하늘의 뜻은 다른 사람이 받들게 됩니다. 고려는 왕 씨의 나라였으나 신하들과 백성들을 제대로 보살피지 못했습니다. 백성들의 원성이 높아졌지만, 나라를 바로 세우지 못했습니다.

　정도전은 하늘이 왕 씨의 고려를 버렸다고 판단했습니다. 힘들고 어려운 백성들을 위해 새 나라와 새 임금이 필요하다고 믿었습니다. 어떤 인물이 하늘의 뜻을 받들어 백성들을 다스려야 할지를 고심하던 정도전은 이성계를 만나자 그가 바로 하늘의 뜻을 받들 사람이라는 것을 알았습니다. 이성계는 새로운 나라를 만들 의지와 힘을 갖고 있었기 때문입니다. 그때부터 정도전은 새로운 나라를 건설하기 위해 모든 힘과 노력을 쏟아부었습니다. 정도전은 어떻게 이성계를 도와 조선을 건국했을까요?

고려 조정은 하루도 조용할 날이 없었다. 원나라 사신 문제로 대신들이 둘로 나뉘어 팽팽하게 맞서고 있었다. 사신을 잘 맞아들여야 한다는 권문세족●과 원나라를 멀리하고 명나라와 가깝게 지내야 한다는 신흥 사대부●들의 대립 때문이었다.

고려는 오랜 세월 동안 원나라 사신이 오면 지극정성으로 접대했다. 고려의 운명을 좌지우지할 수 있는 원나라의 비위를 거슬러서 좋을 것이 하나 없었기 때문이었다. 그러나 시간이 흐르면서 원나라는 세력이 많이 약해져, 새롭게 일어난 명나라에 쫓겨 몽골 고원으로 갔다. 하지만 고려 입장에서 원나라는 아무리 세력이 약해졌다 해도 무시할 수 없는 힘을 가진 존재였다. 고려는 원나라와 명나라 사이에서 줄타기할 수밖에 없었다.

"저자들은 권력만 챙기면 된다는 사람들이오. 원나라 사신이 들어오면 권문세족들에게 날개를 달아 주는 꼴이 되오. 고려가 원나

● 권문세족 벼슬이 높고 권세가 있는 집안.
● 신흥 사대부 지방 향리, 중소 지주 출신 세력으로 과거 시험을 통해 벼슬을 얻은 사람들.

라의 간섭에서 벗어나려면 원나라 사신을 받아들여서는 절대 안 됩니다!"

"우리가 원나라로부터 간섭을 받고 산 세월이 얼마인데, 아직도 정신을 못 차리고 계속 원나라에 빌붙어 살려는 건지, 한심하오."

신흥 사대부들은 그 어느 때보다 강하게 권문세족을 비난했다. 원나라에 기대어 권력을 얻은 권문세족들은 대농장을 경영하는 큰 부자들이었다. 이익을 위해서라면 고리대금으로 돈놀이를 하거나 백성을 억지로 노비로 삼는 일도 서슴지 않았다.

반면 신흥 사대부들은 대부분 유학을 공부한 지방 출신의 학자들로 과거 시험을 통해 관리가 되었다. 이들은 고려를 간섭하는 원나라에 반대하며 새롭게 등장한 명나라와 좋은 관계를 맺고자 했다.

이렇게 상반된 입장으로 조정은 갈라졌고, 원나라 사신 문제가 불거지면서 온 나라가 시끄러웠다. 정도전, 권근, 이숭인 등을 비롯한 젊은 신흥 사대부들은 고려의 자주성을 찾아야 한다며, 원나라 사신을 절대 맞아서는 안 된다고 목소리를 높였다.

"원나라 사신들이 고려에 발을 들이지 못하게 막아야 합니다. 이번 기회에 고려가 원나라와 관계를 끊었다는 것을 만천하에 알려야 합니다."

"옳습니다. 더구나 이번 원나라 사신은 명나라와의 전쟁에 고려를 앞장세우려고 온답니다. 두 나라 싸움에 우리가 휘말려서는 절대 안 됩니다."

"암, 그렇고말고요!"

하지만 신흥 사대부들의 뜻은 얼마 못 가 집권 세력에게 무참히 짓밟히고 말았다. 권문세족들은 정도전에게 앙갚음이라도 하듯 원나라 사신을 직접 맞으라는 명까지 내렸다.

"나보고 원나라 사신을 맞이하라고?"

정도전은 불같이 화를 내며 단번에 거절했다. 그리고 분을 못 이겨 소리쳤다.

"내가 거절하면 뜻을 같이하는 친구들을 조정에서 내쫓으려는 속셈인 것을 알고도 남지. 내가 죽는 한이 있어도 이 일만은 절대 못 하네, 못 해!"

정도전은 끝까지 명을 따르지 않아 결국 나주로 유배되었다.

'이제 책이나 실컷 보면서 지내면 되겠네.'

정도전은 나주로 내쫓겼지만, 자신의 행동에 후회는 없었다. 오히려 친원파 권문세족과 맞서 싸울 각오를 더욱 다졌다. 간신히 끼니만 이어갈 정도로 가난한 유배 생활이었지만 조정에 있을 때보다

마음은 한결 편안했다.

어느덧 유배지에서 일 년이 지났다. 정도전은 조정의 소식이 들려올 때마다 마음이 갑갑해졌다. 친구들과 뜻을 함께하지 못해 미안한 마음도 들었고 혼자 있는 시간이 많다 보니, 이런저런 고민으로 심란할 때도 많았다.

그러던 어느 날, 한동안 뜸했던 정몽주로부터 편지가 왔다. 정도전은 더할 나위 없이 기뻤다.

편지에는 정도전이 어찌 지내는지를 묻는 안부와 함께 조정의 사소한 이야기가 빼곡하게 적혀 있었다. 정도전은 자신과 함께하는 친구가 있다는 게 큰 위안이 되어 그동안의 외로움마저 싹 사라지는 것 같았다.

'내 오랜 친구 몽주, 이리 편지를 보내 주니 고맙네. 요즘 들어 자네가 더 그립군. 보고픈 마음은 크지만 유배가 풀릴 때까지 이곳에서 잘 버텨 내겠네.'

정도전은 어릴 때부터 함께 공부한 정몽주와 유달리 마음이 잘 맞았다.

'돌아가게 되면 함께 새 세상을 만들어 보세!'

정도전은 다시 기운을 내 하루하루를 보냈다.

정도전은 마을 사람들과도 가까워졌다. 마을 사람들은 처음 유배를 왔을 때만 해도 정도전을 멀리했다. 그런데 글공부를 했으면서도 거들먹거리지 않고 낮에는 농사일을 돕고 밤에는 공부를 하는 정도전을 보면서 차츰 마음을 열었다.

"올 농사는 잘되었습니까?"

정도전이 마을 사람들에게 물었다. 그동안 정도전을 경계하던 마을 사람들은 스스럼없이 말을 꺼냈다.

"농사가 잘되면 뭐합니까? 이런저런 세금을 내고 나면 먹고살 것도 남지 않는걸요."

"작년에 기근 들었을 때를 생각해 보십시오. 사람이 먹을 것이 없어 굶어 죽어 나가는 데 어느 관리가 와서 들여다본답니까?"

"들여다보기는……, 더 빼앗아 가지 않으면 다행이지."

한마디씩 하는 중에 한 농부가 눈치를 보며 말을 꺼냈다.

"우리는 그저 배부르고 등 따뜻하면 됩니다. 혹시라도 어진 관리가 있어 가난한 백성들 세금이나 줄여 줬으면 좋겠지만, 그런 일은 그야말로 꿈 아닙니까? 친원이 대수겠습니까? 친명이 대수겠습니까? 우리는, 우리 입에 들어가는 낟알이, 그야말로 대수지요, 대수!"

"어찌하여 땅이란 땅은 죄다 관리들 손에 들어가 있는 것인지요?

농사를 짓는 우리가 땅 주인이 되어야 하는 게 세상의 이치가 아닙니까?"

정도전은 억울함과 분노에 억눌린 백성들의 모습을 점점 더 확실하게 볼 수 있었다. 아무런 불평도 없이 묵묵히 농사일만 하는 줄 알았던 백성들의 진짜 모습은 너무나 처참했다.

"내 몰골 좀 보십시오. 피죽도 못 얻어먹은 거지꼴 아닙니까? 이 망할 놈의 세상은 우리 세금을 어디다 쓰는 건지……."

그러자 옆에 있던 농부가 이어 말했다.

"요 손바닥만 한 땅에 농사지어 놓으면 봄걷이 가을걷이 다 걷어 가면서, 제발 입에 들어갈 곡식 정도만 남겨 달라 해도 귀담아듣는 관리 하나 없지 않습니까? 누구네 땅은 저 산에서 고개를 넘어 그다음 산까지가 경계라는데, 우리 같은 민초들은 기껏 농사지어 세금 내고 나면 얻는 것이라곤 아픈 몸뚱이뿐이니……."

"우리끼리 이야기지만 나라에서 백성들이 어떻게 먹고사는지 신경이나 쓰나요?"

정도전은 귀를 더 활짝 열었다. 그동안 숨죽이고 있던 마을 사람들은 억울함을 토해 내기 시작했다.

듣고 있던 정도전이 슬쩍 말을 흘려 봤다.

"그럼 우리가 세상을 한 번 바꿔 보는 건 어떻겠소?"

그러자 풀을 베고 있던 아낙이 돌아다보며 비아냥거렸다.

"에구머니, 달걀로 바위 쳐서 이긴 사람 봤습니까? 어찌 우리 같은 잡초들이 세상을 바꾸겠습니까? 힘이 있어야 세상도 바꿀 수 있는 것입니다."

정도전은 자신에게 세상을 바꿀, 바위를 칠 만한 힘이 없다는 것이 한스러웠다. 유배지에 와 있는 처지가 답답할 뿐이었다.

밤에 책을 읽던 정도전은 낮에 마을 사람들과 나누었던 이야기를 떠올리며 의지를 굳혔다.

"그래, 부패한 관리들한테 강탈당하는 백성들을 구하려면 하루라도 빨리 나라를 바꿔야 해! 제아무리 임금이라 해도 잘못하면 벌을 받는 것이 맞는 거지!"

정도전은 문득 어릴 때 친구 몽주에게 전해 받아 읽었던 〈맹자〉를 떠올렸다. 아무리 임금이라도 잘못하면 벌을 받아야 한다는 내용이 오랫동안 머릿속에 남아 있었는데, 유배 와서 백성들의 고통을 가까이에서 보니 그 내용이 더욱 와닿았다.

"잘못된 세상을 바꾸는데 내가 앞장서겠어!"

정도전은 착하고 순박한 백성들이 주인이 되는 세상을 만들기 위해 계획을 세웠다. 그러면서 자신부터 돌아보았다.

'나라와 왕은 백성을 위해 있는 것인데, 정작 백성들은 그들로부터 고통만 받았군. 그동안 난 백성들을 위해 무엇을 했나?'

'허허, 반원을 한다는 이유로 유배를 왔는데, 백성들에겐 친명도 친원도 다 개뿔 같은 소리야. 백성들에겐 밥이 우선이야, 밥! 어찌 세상을 이리 몰랐을까? 어찌 백성들의 생활을 이리도 몰랐을까?'

'알지 못하고 덤비는 놈이 죽게 되어 있어! 개혁을 하려면 제대로 알고 시작해야 해!'

정도전은 여러 날에 걸쳐 많은 생각을 했다. 백성들이 진정으로 원하는 게 무엇인지 알기 위해 더 적극적으로 귀를 열고 마음을 열었다.

정도전이 지켜본 백성들은 수탈을 당해도 허리를 굽혀 가며 굽신거렸고 불의를 보고도 누구 하나 따지지 못했다. 권력에 짓눌려 모두 입을 닫은 채 입에 풀칠하는 것으로 간신히 삶을 이어가고 있을 뿐이었다. 정도전은 백성들의 어려운 삶을 보면서 정치를 바로잡겠다고 각오를 다졌다.

마침내 삼 년의 유배 생활이 끝이 났다. 그러나 정도전은 집으로 돌아가지 않고 유랑 생활을 했다.

영주, 안동, 제천, 원주 등을 오가며 백성들 곁에서 그 생활을 샅샅이 알고자 애썼다. 그렇게 사 년을 지낸 뒤에야 정도전은 마침내 삼각산 옛집으로 돌아왔다.

　정도전은 자신의 호를 따서 '삼봉재'라는 서재를 짓고 그곳에서 젊은이들을 가르치며 지냈다. 삼봉재는 각 지역에서 모여든 학생들로 가득했고 정도전은 가르치는 즐거움에 푹 빠져 지냈다. 하지만 가르치는 일은 얼마 못 가 그만두어야만 했다.

　권문세족들이 정도전에 대해 소문을 듣고 행여나 다시 조정에 들어올까 경계하며 끊임없이 박해를 가했기 때문이었다. 그들은 삼봉재를 부숴 버렸다.

"뭐 하는 짓거리요? 학생들의 배움터를 이리 무참히 헐어 버려도 되는 겁니까?"

정도전은 화를 버럭 내며 반발했지만 이번에도 힘에 짓눌려 제자들을 데리고 떠나야만 했다.

"이 비열한 놈들! 날 어디까지 배척할 것인지, 두고 보겠다! 난 끝까지 굴하지 않을 테니 해볼 테면 해봐라!"

정도전은 타오르는 분노를 꾹 참아 냈다.

권력을 가진 자들은 정도전을 끊임없이 배척했다. 그럴 때마다 정도전은 울분을 참으며 이리저리 옮겨 다녔다.

이후에도 여러 일을 겪은 정도전은 더는 개혁을 미루어서는 안 되겠다는 생각을 했다.

1383년 가을, 정도전은 친구 정몽주에게 들어 알게 된 인물인 이성계를 만나기 위해 무작정 함흥으로 향했다.

'이성계 장군이 큰일을 할 수 있을 만한 인물일까? 몽주 말에 의하면 왜구와 여진족을 토벌할 때 병사를 지휘하는 통솔력이 따를 자가 없다고 했는데……. 군사력 또한 대단하단 소리를 들었고. 한데 사람이 어떨지 모르겠군.'

함흥에 도착한 정도전은 이성계를 보는 순간, 영웅의 힘을 느꼈다.

위엄 있는 얼굴에는 장군의 호기가 흘러넘쳤고 그만한 호기라면 개혁의 불씨에 불을 댕기고도 남을 것 같았다.

정도전은 이성계와 함께 기울어 가는 나라에 대해 긴 이야기를 나눴다.

"유배를 가서 백성들의 생활을 직접 보니 눈물이 났습니다. 부패한 관료들이 백성들을 어떻게 괴롭히는지, 장군께서는 잘 모를 것입니다."

정도전은 백성들의 이야기를 하며 새 나라를 열어야 한다는 뜻을 넌지시 말했다.

"부자는 밭두둑이 잇닿을 만큼 땅을 갖고 있는데, 가난한 사람들은 송곳 하나 꽂을 만한 땅조차 없습니다. 배고파 울고 있는 백성들의 한을 풀어 줘야 합니다. 반드시 새 세상을 열어 백성들의 눈물을 닦아 주십시오."

"그렇다면 고려를 다잡을 방법이라도 있는 겁니까?"

"우선, 자신들의 이익에 눈이 먼 권문세족부터 몰아내야 합니다. 장군, 장군이 저와 뜻을 함께해 주십시오."

정도전은 주먹을 불끈 쥐며 간곡하게 이어 말했다.

"제힘만으로는 불가능합니다. 장군에게는 나라를 바꿀 힘이 있고 군사력이 있지 않습니까? 제가 장군을 보좌하겠습니다. 힘을 합치면 나라를 바꿀 수 있을 것입니다."

정도전은 개혁 의지를 불태우며 말했다. 직접 이곳에 와서 이성계가 통솔하는 군사들을 보니 더욱 용기가 났다.

"장군, 장군이라면 가능할 것입니다. 부패로 얼룩진 고려를 부숴야 새 나라를 열 수 있습니다. 백성들에게 신망이 높으신 장군이 나서 주시면 수많은 백성이 장군을 따를 것입니다. 제가 장군에게 힘을 보태겠습니다!"

정도전은 명확하게 역성혁명●이라 말하지 않았지만, 이성계는 눈치를 채고 고개를 끄덕였다.

다음 날, 정도전은 이성계를 소나무에 비유해 시 한 편을 지었다.

때가 되면 세상을 개혁하러 나서야 하고, 자신과 함께 대업을 이루어 역사에 남게 될 것이라는 내용을 담은 시였다. 이성계는 이 시를 본 뒤 뜻을 함께할 것을 약속했다.

다음 해에 정도전은 조정의 부름을 받고 다시 관리가 됐다. 정몽주와 함께 사신으로 명나라를 다녀와 견문을 넓혔고 지방에 관리로

●역성혁명 왕조가 바뀌는 일.

파견되어 백성들의 어려움을 보살피기도 했다. 그러면서 정도전은 혁명의 때를 기다렸다.

1388년 명나라가 고려 조정에 갑작스러운 요구를 해 왔다.

"과거 원나라 때 쌍성총관부가 있었던 철령 이북 땅을 돌려주시오. 이전의 원나라 땅은 이제 모두 명나라 땅이오."

원나라와 전쟁 중이던 명나라는 부족한 군수물자를 요구하며 그간 여러 차례 고려와 마찰을 빚고 있었다. 그런데 이제는 땅까지 내놓으라니, 고려의 반발은 당연했다.

명나라가 요구한 땅은 원나라의 세력이 약해진 틈을 타 얼마 전 고려가 되찾은 땅이었다. 엄연히 고려 땅인데도 명나라는 느닷없이 위협을 가해 왔다.

고려 우왕과 권력을 잡고 있던 최영 장군은 원나라와 다시 손을 잡고 명나라를 공격할 계획을 세웠다. 그러나 정도전과 일부 관리들은 좋은 방법이 아니라고 생각했다. 당장 힘으로 해결할 것이 아니라 명나라에 사신을 보내 외교적으로 해결해야 한다고 주장했다. 막강한 군사력을 가진 이성계 또한 명나라 정벌에 반대했다. 작은 나라가 큰 나라를 공격하는 것은 옳지 못한 일이고, 여름철에는 군사를 동원하기 힘들며, 명나라를 공격하는 동안 왜구들이 침입할 것이라는 의견을 밝혔다. 그러나 아무리 반대해도 소용없었다.
 결국 우왕과 최영은 전쟁을 택했다.
 "다들 요동 정벌을 준비하시오! 우리가 먼저 칩시다!"
 이성계는 최영의 명을 받고 오만여 명의 군사를 징발해 요동으로 향했다.

정도전은 이때를 개혁의 기회로 삼기로 했다.
　"드디어 고려를 무너뜨릴 때가 왔다! 드디어 세상을 바꿀 기회가 왔어!"
　정도전은 오랜 시간 꿈꿔 왔던 개혁의 때가 왔음을 직감하고 결정적인 순간을 잡기로 했다. 잔뜩 긴장해 있던 정도전은 장마로 불어난 강물 때문에 이성계가 위화도에서 수많은 군대와 함께 강을 건너지 못한 채 머물러 있다는 소식을 전달받았다.

정도전은 이 상황을 기회로 잡아 이성계가 위화도에서 군대를 돌리게끔 전략을 짰다. 전략대로 회군해서 개경을 장악하기만 한다면 썩어 빠진 고려는 얼마든지 무너뜨릴 수 있다는 확신이 들었다. 수탈을 일삼는 세력들도 다 뿌리 뽑을 수 있을 것이란 확신도 들었다. 정도전은 반드시 군대를 개경으로 돌릴 것을 이성계에게 청했다.

얼마 뒤, 이성계는 정도전에게 회군해 달라는 청을 전해 받고 병사를 이끌고 위화도에서 군대를 돌렸다. 그러고는 개경을 무너뜨리려 했다. 우왕의 곁을 지키고 있던 최영은 용납할 수 없다고 소리쳤지만, 개경은 함락되고 말았다. 고려 군사들이 대부분 명나라 정벌에 나선 상태였기 때문에 개경에 남은 군사로는 이성계의 군사를 막아 낼 수 없는 상황이었다.

마침내 위화도 회군으로 우왕과 최영의 정권은 무너지고 정도전의 뜻대로 이성계가 권력을 장악했다. 백성들이 새날을 맞이한 이 날, 정도전은 새 세상이 온 것을 반기며 눈물을 흘렸다.

"드디어, 드디어, 새 세상이 열렸습니다! 장군의 힘이 참으로 컸습니다! 장군에게 공을 돌립니다!"

이성계는 정도전이 아니었다면 이런 기쁜 날은 결코 오지 않았을 거라고 말했다.

이후, 이성계는 정도전과 그를 따르는 수많은 사람의 추대를 받아 왕위에 올랐다. 그리고 그 이듬해에 나라 이름을 '조선'으로 바꿨다.

정도전은 왕이 된 태조 이성계에게 중요한 몇 가지를 간곡하게 당부했다.

"전하, 백성이 주인이 되는 나라를 만들려면 신하들의 의견을 잘 수렴하셔야 합니다. 제가 전하를 도와 힘껏 일할 것입니다."

"암, 그렇게 하겠소. 삼봉, 자네의 힘이 아니었으면 내가 어떻게 이 자리에 올랐겠소? 그대가 꿈꾸던 새 나라를 건설해 보시오, 내 신하들의 의견을 귀담아듣고 행하리다."

이성계는 정도전의 개혁 의지를 누구보다도 잘 알고 있었기에 정도전에게 많은 힘을 실어 주었다. 덕분에 정도전은 품었던 뜻을 마음껏 펼칠 수 있었다.

"전하, 농사짓는 농부에게 토지를 나눠 주십시오. 권문세족들의 토지를 몰수해 국가에 귀속시키고 국가의 토지를 백성들에게 나눠 주는 제도를 마련해야 합니다. 땅의 주인은 농부 아니겠습니까?"

"전하, 전하는 유교의 덕목으로 통치하시기 바랍니다. 권문세족들이 드나들던 불교 사원이 너무 많습니다. 계속 늘어나게 되면 나라의 재정에 막대한 손실을 가져올 것입니다."

이성계는 정도전의 의견은 물론이고 여러 신하의 건의를 귀 기울여 듣고 행했다. 새로운 나라를 만들려는 신흥 사대부들에게 발판을 만들어 주었다.

또 고려의 옛 신하들이 남아 있는 개경은 새로운 왕조가 정착하는 데 적당치 않다는 신하들의 의견에 따라 한양을 새 도읍지로 삼았다. 정도전은 종묘와 사직, 궁궐 등이 들어설 자리를 직접 정했다. 한성부의 5부 52방의 이름은 물론 전각과 문의 이름까지, 작은 것 하나까지도 직접 챙겼고 종묘의 제례법과 음악도 마련했다.

조선의 기틀을 새로 만드는 일에 정도전이 참여하지 않은 곳은 없었다. 모든 일에 관심을 두고 열과 성을 다해 나랏일에 앞장섰다.

백성들을 하늘로 받들었던 정도전은 자신의 이상을 새로운 왕조를 통해 실현해 나갔다. 정도전은 태조 이성계가 조선의 기틀을 마련하는 데 막중한 역할을 했을 뿐만 아니라, 훗날 조선 왕조가 오백 년 넘게 이어지는 데에도 큰 버팀목이 되었다.

알아두면 지식 쑥쑥! 왕 옆의 사람들 이야기

역성혁명

누가 임금이 되어야 하나?

나라를 세운 사람과 그 후손들이 대를 이어 가며 다스리는 나라를 왕조 국가라고 해. 왕건의 후손인 왕 씨가 임금이 되어 나라를 다스렸던 고려나 이성계의 후손이 다스린 조선도 왕조 국가야.

임금의 자리를 아들이나 형제에게 물려주는 것은 당시로는 최선의 방법이었어. <mark>나라를 다스릴 만한 인물이 여러 명일 때는 누가 임금이 되느냐를 두고 싸움이 벌어질 수밖에 없거든.</mark> 누가 임금으로 더 적당한지를 두고 큰 싸움으로 번지면 나라가 혼란에 빠질 수도 있어.

이를 막기 위해 한 가문에서 임금의 자리를 맡기로 하고 대신 그 임금이 마음대로 정치를 하지 못하도록 교육하고 견제하는 정치 형태가 자리 잡았어.

 ### 새 임금 세우기

임금이 되기 전부터 교육을 하고 임금을 견제하는 신하들이 있다고 해도 포악한 임금이 나오는 것을 완전히 막을 수는 없어. 임금이 백성들은 생각하지 않고 자기 하고 싶은 대로 정치를 할 때, 신하들은 어떻게 해야 할까? 임금은 하늘이 내린 것이니 지켜봐야만 할까?

<mark>임금이 어질지 못할 때 신하들이 힘을 모아 임금을 내쫓는 것을 반정이라고</mark>

해. 바른길로 나아가지 않은 임금을 몰아내고 새로운 임금을 세우는 것이지. 조선 시대에는 반정으로 연산군, 광해군이 임금의 자리에서 쫓겨났어.

새 나라 만들기

임금의 잘못된 정치가 계속되어 나라가 뿌리부터 썩어 버리면 임금 하나 바꾸는 반정으로는 도저히 나라를 바로잡을 수 없어. 이럴 때는 역성혁명을 통해 대대적인 변혁을 꾀할 수밖에 없지. 역성이라는 것은 임금의 성씨를 바꾼다는 것으로 기존의 왕조를 멸망시키고 새로운 왕조를 세우는 것을 말해. 정도전이 이성계를 도와 왕 씨의 고려를 멸망시키고, 조선을 세운 것이 바로 역성혁명이야.

일찍이 맹자는 충과 효를 중시하는 유교 질서를 강조했지만, 백성을 잘 다스리지 못하는 임금은 임금이라 할 수 없기 때문에 백성을 위해 새로운 나라를 세우는 것이 옳다고 했어.

역성혁명에 나선 사람들

역성혁명에 앞장서 나라를 세우는 데 공을 세운 사람들은 건국 이후 개국 공신으로 특별한 대우를 받아. 명예는 물론 높은 벼슬과 큰 경제적 혜택을 받지. 그러나 그들이 모두 행복한 삶을 누린 것은 아니야.

정치적으로 불안정한 건국 초기에는 권력투쟁이 일어나는 경우가 많아. 개국 공신들도 처벌을 받거나 심지어 목숨을 잃는 경우도 있어. 조선 건국의 주인공 정도전 또한 마찬가지였지. 조선을 건국한 공으로 개국 공신이 되었지만, 태종에 의해 죽임을 당하고 말았어. 조선 시대 내내 그의 흔적은 지워졌고 사람들 입에 오르내릴 수 없었지. 정도전은 죽은 지 460여 년이 지난 고종 때가 돼서야 자신에게 씌워진 누명에서 벗어날 수 있었어.

조선 시대 · 김처선과 연산군

폭군을 향해 쓴소리를 멈추지 않은
김처선

    왕은 나라의 주인이고 나라의 모든 것을 마음대로 할 수 있다고 생각하지만 실제로는 그렇지 않습니다. 나라를 다스리는 것은 혼자 힘으로는 결코 할 수 없습니다. 유교에서는 임금과 신하가 함께 나라를 다스리는 군신 공치를, 나라를 다스리는 기본 원리로 제시합니다. 물론 신하는 임금에게 충성을 다하지만 때로는 임금의 뜻을 가로막기도 합니다.

    조선 시대에는 왕족의 정치 참여가 막혀 있어 왕은 때로 내시의 도움을 받기도 했습니다. 내시의 역할은 중요했습니다. 내시를 임금 곁에서 심부름하는 사람쯤으로 여기지만 실제로는 다양한 일을 했습니다. 임금과 관련된 궁궐 안의 모든 일을 내시들이 맡아 했습니다.

'아무래도 내가 나서야 할 것 같아.'

환관 김처선은 점점 난폭해지는 연산군을 더는 지켜볼 수가 없었다. 포악함이 도를 넘었는데도, 대신 가운데 누구 하나 폭정을 멈추라는 말을 하지 않았다. 조정에는 바른말을 고할 신하가 없었다. 그럴 만한 신하들은 이미 연산군 손에 죽임을 당하거나 멀리 내쫓겼기 때문이다. 이제 조정에는 나라야 어떻게 되든 자신의 부귀영화만 꾀하려는 관리들로 넘쳐났다.

김처선은 궁 안의 분위기가 점점 사나워지는 것을 보면서 여러 날에 걸쳐 고민했다.

'세종대왕 때부터 일곱 임금님을 모셨지만 이런 임금님은……. 내가 세조를 모실 때, 바른 소리를 올렸다가 벌을 받은 적이 있지만, 차라리 그게 낫군. 벌이라도 받는 게 나아. 해야 할 말을 못 하고 참고 있으려니 참으로 고역이군.'

김처선은 잠을 못 이루고 뒤척이며 그동안 궁에서 있었던 일들을 되짚어 보았다.

'내 나이 일흔넷, 궁에서 참 많은 일을 하며 살았군.'

김처선은 임금님의 수라를 처음 챙기던 날이 가장 먼저 떠올랐다.

'전하의 수라를 처음 챙기던 날 무척 긴장했었지. 그때의 긴장이 아직도 생생하군. 수라는 전하의 목숨과도 같으니 긴장이 안 될 수가 있나? 그러나 전하를 대신해 신하들에게 술과 음식을 전하는 일을 할 때는 정말 기분이 좋았어. 기뻐하는 신하들을 보며 얼마나 신이 났던지.'

김처선은 잠시 미소를 짓더니 이내 슬픈 표정이 됐다.

'그 시간은 다 지나가고 이제 난 백발의 노인이 되었는데, 두려울 게 뭐 있나?

그래, 평생을 나라의 녹을 먹고 살아왔는데, 내가 말 못 하는 신하들을 대신해 나서는 게 맞아. 암, 맞고말고."

　김처선은 마음을 다잡은 뒤 가까스로 잠을 청했지만 그래도 잠을 이룰 수 없었다.

　다음 날 아침, 입궁하던 김처선은 연회가 있는 날인 것을 확인했다. 절로 한숨이 나왔다. 연회가 있는 날이면 늘 이렇게 신경이 곤두섰다.

'나랏일은 대체 언제 돌보시려는 건지……. 또 연회에 드는 그 큰 비용은 어떻게 다 감당하시려고.'

김처선은 백성들이 낸 세금이 흥청망청 쓰이는 것을 볼 때면 마음이 아주 불편해 그날은 일이 제대로 되지 않았다. 연회는 하루가 멀게 이어지고, 나랏일은 임금님의 일방적인 명령으로만 이뤄졌다. 이를 지켜보는 김처선은 마음이 갑갑했다.

'나랏일을 이렇게 독단적으로 처리하면 나라가 위험하지, 위험하고말고.'

김처선은 복잡한 심경으로 입궁하자마자 궁 안을 두루두루 살폈다. 소주방˙을 찾아가 임금님이 드실 수라도 살피고, 궁궐 청소가 잘 되어 있는지도 꼼꼼하게 확인했다. 연회가 있는 날이라서 그런지, 아침부터 많은 사람이 바삐 움직이고 있었다.

'오늘은 연회가 있어 좀 잠잠하려나? 죄 없는 사람들이 벌을 받는 일이 더는 있어서는 안 되는데.'

요즘 들어 연산군은 자신을 전적으로 따르지 않는 대신에게는 무조건 벌부터 내렸다. 김처선은 연산군의 그런 행동 또한 마음에 걸

●소주방 조선 시대에 대궐 안의 음식을 만들던 곳.

렸다.

연산군은 궁궐 사람들의 입을 막으려 했다. 명을 내리고 무조건 따르라고 할 뿐, 그 누구의 이야기도 들으려 하지 않았다. 이치에 맞는 의견이라 해도 연산군의 귀에 거슬리면 즉시 벌을 내렸다. 이런 일이 반복되자 신하들은 연산군의 잘못을 보고도 입을 닫아 버렸다.

'어려서부터 유달리 힘에 집착하더니 결국 이런 날이 오는군.'

김처선은 연산군의 어린 시절을 떠올렸다.

하루는 신하들이 성종에게 잘못된 정사에 대해 비판한 일이 있었다. 그걸 본 아들 연산군은 이렇게 말했다.

"내가 왕이 되면 아무도 내게 대들지 못하게 만들어 버릴 거야! 내 명령에 비판 같은 것은 절대 하지 못하게 만들 거라고. 내 명에는 무조건 복종만이 있을 뿐이야!"

김처선은 이런 연산군을 보며 걱정했지만, 연산군은 왕위에 오른 뒤 사 년 동안은 정사를 잘 이끌어 나갔다.

'그때 전하는 먼 지방에 사는 백성까지 살피려고 애쓰셨지. 변방 지역까지 신경을 쓸 정도였는데……. 그런데 어느 순간부터 온 백성의 입방아에 오르내리는 폭군이 되어 버렸으니…….'

김처선은 쯧쯧 혀를 차며 변해 버린 연산군을 마음 깊이 안타까워했다.

대신들은 연산군 앞에서는 입을 꽉 다물고 있었지만 뒤에서는 저희끼리 수군댔다.

"자네도 알지 않는가? 왕위에 오르자마자 뭇짐승을 잡아다 창을 꽂아 죽인 것을 말일세. 어릴 때 성종이 아끼던 사슴을 걷어찬 일로 야단을 맞고는 그 분풀이를 한 것이 아닌가? 어디 그뿐인가? 스승인 조지서가 자신에게 주의를 준 것에 앙심을 품고 있다가 잔인하게 죽였다지 않소."

"앞으로는 지금보다 더하면 더했지, 덜하지는 않을 거요. 난 어떤 일이 벌어질지, 하루하루가 날카로운 칼날 위를 걷는 기분이오."

연산군에 대한 나쁜 이야기는 이미 조정에 퍼져 있었다. 하지만 그 누구도 연산군 앞에서는 싫은 내색을 하지 않았다. 자칫 눈 밖에 났다가 목숨을 잃을 게 두려워서였다.

대신들의 말처럼 연산군은 어릴 때부터 유달리 화가 많고 누군가 자신에 관해 이야기하는 것을 몹시 싫어했다.

김처선은 이런 성향을 잘 알고 있었기에 연산군을 누구보다도 이해하려고 했지만 쉽지는 않았다.

'어찌 전하의 심성 탓만 할 수 있겠는가?'

연산군은 궁궐에서 쫓겨난 어머니 폐비 윤 씨의 일을 알게 된 뒤 잔혹한 행동을 일삼았다.

'어머니가 사약을 받고 돌아가셨다는 이야기를 듣고, 아들 마음에 왜 피눈물이 안 고였겠어? 그 일이 전하의 예민한 심기를 자극한 게 맞을 거야. 그런데 그런 전하의 마음을 진정시키지는 못하고 오히려 이용하는 자들이 있으니. 그놈들은 전하의 심기를 건드리는 사람이 있으면 무조건 제거하라고 귀띔하고 이리저리 전하를 흔들고 있어. 이 모든 게 그들 때문이야.'

김처선은 그날을 생각할 때면 상처에 소금을 뿌린 것처럼 가슴이 쓰리고 아팠다.

연산군은 어머니의 피 묻은 적삼을 전해 받은 날, 한을 토해 내며 통곡했다. 억울하게 죽은 어미의 한을 꼭 풀어 주겠다고 목 놓아 울었다.

"내 어머니의 죽음과 연루된 사람을 모두 불러들여라! 단 한 명도 빠뜨려서는 아니 된다! 그중에 이미 죽은 자가 있거든 그의 무덤을 파헤쳐서라도 데려오라! 당장 내 명대로 하라!"

그때 수백 명이 목숨을 잃었다. 어디 그뿐인가. 조상을 모신 사당에 폐비 윤 씨의 초상화를 걸고는 대신들에게 예를 올리라 했고, 이를 거부하면 역시 목숨을 빼앗았다. 왕이 미쳐 날뛴다는 소리가 전국에 퍼질 정도로 연산군은 나날이 포악해졌다.

김처선은 폭군으로 변해 가는 연산군을 보면서 한없이 안타깝고 걱정스러웠다. 하루하루가 괴로웠다.

연산군도 궁의 분위기를 모르지 않았다. 대신들이 자신의 눈을 피해 험담을 한다는 것을 알고 있었다. 그래서 어느 날은 목판에 다음과 같은 말을 적어 대신들 앞에 보란 듯이 내놓았다.

> 입은 화를 부르는 문이요, 혀는 몸을 베는 칼일세.
> 입을 경계하고 혀를 붙들어야지만 안전하게 될 것이오.

말을 조심하라는 명이었다. 대신들은 목숨을 지키기 위해 칼 앞에서 나약해졌다. 바른말을 하여 목숨을 잃으니 차라리 입을 닫고 양심을 파는 쪽을 택했다.

하지만 폭군 연산군에 대한 이야기는 비밀리에 사방으로 퍼져 나갔다.

"대궐 연못에 띄워 놓은 배 말이오, 백성들이 강을 건널 때 쓰던 배라는 말이 있던데······."

"사냥터는 어떻고요? 농사짓던 사람들을 다 내쫓고 그곳에 온갖 들짐승을 들여놓은 거랍니다. 혹여 누구라도 그 안을 엿봤다가는 큰 벌을 내릴 거라 해서 아무도 가까이 가지 않는다지 않습니까?"

"큰일이오."

"큰일이고말고요."

대신들은 땅이 꺼지게 한숨을 몰아쉬었다. 그때 한 대신이 말했다.

"이렇게 떠들어 봐야 무슨 수가 있겠소? 이제 나라의 녹을 먹는 우리가 나서야 하는 것 아니오?"

"생각은 좋습니다만, 목숨이 두 개도 아니고 어찌하겠소?"

서로서로 눈치만 살필 뿐 그 누구도 바른 소리를 하겠다고 나서는 사람은 없었다.

"진심으로 이 나라와 전하를 생각한다면 전하가 듣는 곳에서 바른 말을 해야 함을 알지만 누가 나서겠소?"

오후가 다 지나가는데도 김처선은 일에 몰두할 수가 없었다. 대신들이 주고받던 이야기가 자꾸 생각났다.

"더 미뤄서는 안 되겠군. 그런데 이 늙은이가 말을 하면 전하가 듣기는 하실까?"

김처선은 여러 날 고심하고 갈등했다.

며칠 뒤 김처선은 궁궐 뒤뜰을 지나다 가까이 지내던 대신과 마주쳤다. 김처선을 보는 대신의 눈빛이 뭔가 이상했다. 할 말이 있는 듯 보였다.

"혹시 내게 할 말이라도 있는지요?"

김처선이 묻자 대신은 조심스레 입을 열었다.

"살얼음판이 따로 없습니다. 말 한마디 잘못하면 바로 벌하시니, 누가 나라를 위해, 전하를 위해 바른 소리를 하려 하겠습니까? 요즘 김 내관 얼굴빛이 무척 안 좋아 보이는데 혹시……."

대신은 말을 다 끝맺지도 않고 누가 들을세라 주위를 살피며 서둘러 뜰을 지나갔다. 그 또한 입을 잘못 놀린 것에 대해 벌을 받게 될까 봐 두려워하는 것 같았다.

'이런! 모두가 해야 할 말을 마음에 쌓아 두고만 있군.'

김처선은 그 자리에서 한참을 서성거리다 갑자기 걸음을 멈추었다. 그러고는 더는 미루지 않겠다고 단단히 각오를 다졌다.

'참된 신하라면 어찌 임금께 다디단 말만 하겠는가? 예부터 꿀 같은 말만 하는 신하는 간신이라고 했거늘, 내가 쓴소리를 해서 임금을 살리고 백성을 살리고 나라를 살릴 수 있다면 얼마든지 해야지.'

김처선은 그 어느 때보다도 의지가 강했다.

며칠 뒤, 궁에서 처용 놀이가 열렸다. 악기 소리가 들리고 오색 빛의 기가 펄럭이고 가면을 쓴 무희들이 웃으며 춤을 추었다.

내시부에 있던 김처선이 일을 멈춘 채 그곳을 바라보았다.

'드디어 때가 온 것 같군.'

그때 급히 지나가던 대신 하나가 김처선과 눈이 마주치자 인사를 했다.

"안 가십니까? 오늘따라 무희들의 춤이 아주 좋다 합니다."

김처선은 인상을 쓰며 대꾸했다.

"오늘따라 무희들의 춤이 좋다 마시고 처용 놀이를 그만두게 하심이 어떨는지요?"

대신은 놀라는 표정으로 주춤 뒤로 물러섰다.

"누가 전하께 그런 소리를 할 수 있겠소? 그런 소리를 했다가는 목숨이……."

대신은 다음에 이어질 말을 입에 담기 싫은 듯 얼른 가 버렸다.

김처선은 대신의 뒷모습을 바라보며 혼잣말을 했다.

"목숨이 달아나더라도 내가 말씀을 드리겠소, 내가!"

김처선은 옷매무시를 단정히 매만졌다. 그러고는 처용 놀이가 열리는 곳으로 서둘러 걸음을 옮겼다.

"우하하하하!"

연산군과 여러 대신의 웃음소리가 들렸다.

연산군은 흥이 나는지 어깨를 들썩이며 소리치고 있었다.

"처용무를 즐기시오. 내 그대들을 위해 잔치를 열었으니 맘껏 즐기시오!"

김처선은 연회장으로 가는 동안 배가 고파 울고 있는 백성들의 소리를 들었다. 논밭을 임금의 사냥터로 빼앗기고 우는 농부들의 울음소리도 들었다. 또 재산을 빼앗겨 먹고살 길을 잃은 사람들의 분노 소리도 들었다. 하지만 그중에서도 가장 크게 들리는 것은 가난에 쪼들린 백성을 모른 척하며 여흥을 즐기고 있는 연산군의 웃음소리였다. 오랫동안 연산군 곁을 지켜 왔지만, 지금의 연산군은 임금의 모습이 아니었다.

김처선은 전하께 드릴 말씀을 머릿속으로 정리하며 바삐 걸었다. 뒤에 어떤 일이 벌어질지는 조금도 생각하지 않았다.

연산군은 김처선이 가까이 다가오는 것을 발견하고 반겨 맞았다.

"김 내관! 어서 오게나."

김처선은 연산군이 반겨 맞는 그 순간, 굳은 얼굴로 한발 다가가 멈춰 섰다. 그리고 예를 다해 말했다.

"전하, 이제는 멈추십시오! 처용무는 그만두셔야 합니다!"
김처선의 충심이 담긴 한마디였다.

낮은 목소리로 그 어느 때보다 크고 당당하게 말했다. 모든 사람들의 시선이 김처선에게로 쏠렸다. 웃고 떠들던 주변이 순식간에 고요해졌다.

"뭐라?"

연산군의 목소리가 연회장을 울렸다. 이어 연산군은 칼날 같은 날카로운 표정을 지으며 분노 섞인 목소리로 크게 소리쳤다.

"김 내관, 지금 뭐라 했소? 다시 한번 말해 보시오!"

순간 바람 소리 외에는 아무것도 들리지 않았다.

"감히, 처용무를 그만두라 했소? 내게 명령을 했단 말이오? 명령을? 물이 아래에서 위로 거슬러 흐르는 것 본 적 있소?"

연산군은 들고 있던 술잔을 던져 버리고는 김처선을 매섭게 쏘아보았다. 호랑이 앞에 선 쥐 한 마리를 내려다보듯 오만한 얼굴로 김처선을 대했다. 당장에라도 밟아 죽일 수 있다는 오만함이 얼굴에 가득했다. 그러나 김처선은 조금도 흔들리지 않았다.

"전하, 이 몸 세종대왕 대부터 시작해 무려 일곱 분의 임금을 섬겼사옵니다."

연산군의 얼굴은 점점 일그러졌다.

"한 나라의 아비가 일찍이 전하와 같은 놀이를 했다는 것을 본 적이 없습니다. 어찌 이리 흉측한 춤을 즐기시는 겁니까?"

김처선은 예를 갖춰 말을 올렸지만 연산군은 김처선을 향해 조롱의 말을 던졌다.

"뭐라? 나 같은 자가 없었다고?"

연산군은 턱을 들며 김처선을 싸늘한 눈초리로 바라보았다.

"죽고 싶어 안달이 난 게로군. 궁궐 안에 미쳐 날뛰는 자가 있다고 들었거늘, 그대가 바로 그자인 모양일세. 한낱 환관 주제에……."

연산군은 목울대를 파르르 떨며 입에 담지 못할 말을 거침없이 내뱉었다.

"내 명에 토를 달았다가 죽어 나가는 사람들을 보고도 이리 지껄이는 건가?"

연산군은 천한 늙은이를 당장 죽여 없애겠다며 고함을 쳤다. 손을 바르르 떨며 활을 가져오라 명했다. 연산군은 활을 들어 김처선을 향해 겨눴다. 사람들은 너무 놀라 비명은커녕 숨소리도 못 내고 있었다. 그러나 김처선은 꿈쩍도 하지 않았다. 나라의 녹을 먹어 온 자로서, 신하 된 도리로서 쓴소리를 해야겠다고 마음먹은 순간, 이미 두려움은 사라졌기 때문이다.

"전하, 이리 오래 산 늙은이가 죽음을 두려워할 리 있겠습니까?"

"너는 나를 능멸했도다!"

"이미 죽음을 각오한 몸, 저는 전하께서 오래도록 임금의 자리에 계시지 못할까 걱정할 뿐입니다. 신하 된 자의 충심입니다."

"뭐라? 지금 뭐라 했느냐? 그 입 다물지 못하겠느냐?"

연산군의 눈에 핏발이 섰다.

김처선은 임금을 보필한 자로서 충정으로 임금의 자리를 걱정했다. 하지만 연산군은 이 말을 듣고 더 흥분했다.

"천한 환관 주제에, 감히 임금의 자리를 운운해?"

연산군은 흥분해 손을 떨며 활시위를 팽팽하게 당겼다. 더 팽팽하게, 더 팽팽하게. 그러다 눈 깜짝할 사이에 김처선의 가슴을 향해 화살을 쏘았다.

"헉!"

김처선은 가슴을 움켜쥐며 신음을 토했다. 연산군은 이어 또 한 발을 쏘았다.

"흡!"

김처선은 더 버티지 못하고 그 자리에 쓰러지고 말았다.

"보아라! 내가 네 다리도 자를 것이다. 함부로 입을 놀렸다가 어떻게 되는지 똑똑히 보여 줄 테다! 내 힘으로는 못 할 것이 없도다!"

다리가 잘린 김처선은 고통에 몸부림쳤다. 그런 김처선을 보며 연산군은 다시 한번 소리쳤다.

"일어나라!"

주변이 고요해졌다.

미치광이처럼 날뛰는 연산군을 말리는 사람은 아무도 없었다. 아니 말릴 수 없었다. 목숨을 잃게 될까 봐 숨죽이고 지켜볼 뿐이었다. 공포만이 연회장을 꽉 채운 그때 다시 한번 연산군이 고함을 쳤다.

"일어나라 하지 않았느냐? 내 말이 들리지 않느냐?"

김처선은 고통을 삭이며 떨리는 소리로 말했다.

"전하, 전하는 다리 없이도…… 일어설…… 수 있습니까?"

"뭐라?"

연산군은 하늘을 올려다보며 크게 웃었다.

"아직도 목숨이 아깝지 않으냐? 내 명에 절대복종하란 말이다!"

김처선은 피를 흘리면서도 연산군에게 처용무를 그만둘 것을 되뇌었다.

"백성들이…… 배고파…… 울고 있습니다. 백성들이 내는 세금은 그들의 피와 땀……."

김처선은 하고 싶었던 말을 가까스로 이어갔다. 숨이 끊어질 듯

끊어질 듯 힘겹게 말을 이어갔다. 그 순간, 연산군이 땅이 흔들릴 정도로 고함을 쳤다.

"아직도 내 명이 두렵지 않으냐? 내 명을 듣지 않는 자는 누구든 죽어 마땅하다!"

연산군은 발로 바닥을 힘껏 걷어차더니 분함을 삭이지 못하고 사방에 대고 미친 듯이 외쳤다. 그러고는 돌아서서 다시 활시위를 당겼다. 핑 소리와 함께 또 하나의 화살이 날아갔다.

"전하, 나랏일을…… 바르게……."

김처선은 죽어 가면서도 연산군이 올바른 정사를 펼칠 것을 바랐다. 그러나 연산군은 진심 어린 충언을 듣지 않았다.

김처선이 죽은 다음 해 가을, 폭정에 항의하는 사람들이 군사를 이끌고 궁궐로 몰려 들어갔다. 임금 곁에서 온갖 아첨을 떨던 관리들은 자기 먼저 살겠다고 도망가기에 바빴고, 결국 연산군은 왕의 자리에서 쫓겨나, 그 해를 넘기지 못하고 병으로 죽고 말았다.

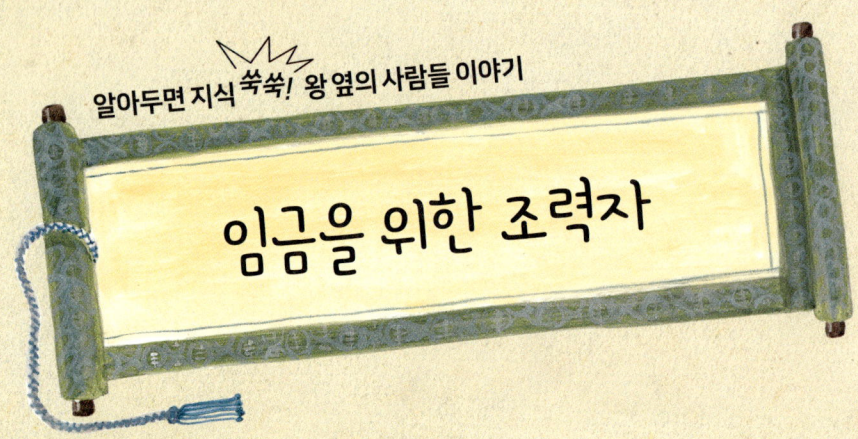

알아두면 지식 쑥쑥! 왕 옆의 사람들 이야기
임금을 위한 조력자

임금만을 위한 사람들

임금이 나라를 잘 다스리려면 많은 사람이 필요해. 임금을 도와 나라를 다스리는 관리들 말고도 많은 사람들이 여러 종류의 일을 나눠서 하지. 우선 임금의 의·식·주를 담당하는 관청이 있어. 임금의 의복을 관리하는 상의원, 임금의 식사와 대궐 안 음식물을 담당하는 사옹원(일상적인 음식은 수라간), 쌀이나 술, 장 등의 식품을 공급하는 내자시, 궁궐 공사와 수리를 하는 선공감 등이야.

이들 관청 이외에도 임금의 옥새나 어보 등의 도장이나 상징물을 관리하는 상서원, 임금의 붓과 벼루, 궁궐의 열쇠 등을 관리하는 액정서, 왕실의 말이나 수레 등을 관리하는 사복시, 왕실의 족보를 관리하는 종부시, 임금의 건강을 관리하는 내의원 등이 있어.

임금님의 비서, 내시

내시들은 내시부라는 관청에 소속되어 있어. 내시부는 궁궐 안의 음식물 감독, 왕명 전달, 궁궐 문 지키기, 청소 등 궁궐 안의 모든 잡무를 처리해. 궁궐 안에서 궁녀들이 하는 일을 제외한 모든 일이 내시의 일이야.

내시부는 임금을 위한 의·식·주를 비롯해 경호, 의전, 치료 등을 담당하는 여러 관청과 긴밀하게 협조해서 일을 해. 내시들은 임금을 가까이에서 모시고 있어서 임금의 취향이나 의사를 정확히 알 수 있기 때문이야.
내시의 중요한 일 가운데 하나는 임금의 개인 재산인 내탕금을 관리하는 일이지. 조선의 임금은 조선 최고의 부자로 엄청 많은 노비와 땅을 가지고 있거든.
조선 시대 내시는 140명이었고 그중 가장 높은 벼슬인 상선은 각 도의 관찰사들과 같은 종2품이야. 이는 내시의 역할이 얼마나 중요했는지를 잘 보여 줘.

 내시들의 삶

내시는 남자로 태어났지만, 성기의 일부가 잘려 청소년기에 겪는 2차 성징이 나타나지 않아. 사고를 당한 경우도 있지만, 먹고 살기 어려워 궁궐에서 지내려고 일부러 그렇게 하는 경우도 있어. 그래서 내시들은 결혼을 하더라도 아이를 낳을 수 없어. 대신 자신의 뒤를 이을 만한 아이를 골라 양자로 들여 대를 잇지.

내시는 임금을 곁에서 보필하며 오랫동안 일을 했어. 그렇지만 내시들은 정치에는 관여할 수 없었어. 내시들이 임금 곁에서 판단력을 흐리게 만들까 봐 그런 거야. 실제로 중국에서는 내시들이 권력을 휘두르는 바람에 나라가 혼란에 빠진 적이 여러 번 있어. 김처선이 목숨을 내걸면서 임금에게 직언한 것은 원칙적으로 해서는 안 되는 일이야. 그러나 바른말을 해야 하는 신하들이 침묵하거나 임금에게 아부하는 말밖에 하지 않기 때문에 오랫동안 여러 임금을 모시던 김처선이 직접 나설 수밖에 없었지. 임금을 위해서 누군가 바른말을 해야 했거든.

조선 시대 · 박문수와 영조

백성의 입이 되고, 왕의 귀가 되어 준 어사
박문수

　임금은 백성들의 고충을 알기 위해 직접 만나 이야기도 듣고, 사는 사정을 살펴보기도 합니다. 하지만 이것은 한양 안에서의 일입니다. 임금이 멀리 지방의 백성들을 직접 찾아다니기는 어렵습니다.

　지방은 흔히 사또라고 하는 수령이 다스립니다. 수령을 보내 놓았지만, 안심이 안 되거나 큰 재난이 벌어지면 몰래 암행어사를 보내기도 합니다. 몰래 보내는 이유는 어사가 파견되는 것을 알고 대비하는 것을 막기 위해서입니다.

　암행어사는 백성들을 살피기 위해 왕이 특별히 보낸 사람이라서 백성들의 기억에 오래오래 남았습니다. 대표적인 사람이 바로 박문수입니다. 하지만 박문수는 어사였지 암행어사로 파견된 적은 없습니다. 박문수가 어사로 지방에 파견되었을 때 백성들을 잘 보살폈기 때문에 암행어사의 대명사가 된 것입니다.

"글쎄, 아직 나이도 젊고 조정에서 일한 경험이 많지 않은데 괜찮겠는가?"

영조는 대신들이 추천한 박문수를 두고 몇 가지 걱정을 했다.

"나 대신 민심을 잘 살펴봐 줄 사람이어야 하오. 더도 덜도 없이 본 대로 내게 정확하게 상황을 보고하고, 문제가 있으면 대안까지 제시해 줄 만한 사람이어야 하오."

영조는 그가 정말 어사로 적임자인지 아닌지를 놓고 고민을 하다 결국은 박문수를 불러들였다.

"나랏일을 해 본 경험이 적어 걱정되긴 하나 대신들이 그대를 무척 신임하여 불렀소. 그대는 성품이 강직하기로 소문이 자자하더군."

영조는 첫마디를 이렇게 뗐다. 그러고는 흉년이 든 영남 지방에 어사로 보낼 만한 인물인지를 눈으로 확인했다. 이번 어사는 피해를 확인하고 민심을 살피는 중대한 임무를 수행해야 했다.

"궁 안에서 듣는 것만으로는 영남 지방의 사정을 제대로 알 수 없어 그곳을 다녀올 사람이 필요해 불렀소. 이런 흉흉한 시절에 혹시라도 민심을 흩뜨려 놓는 자가 있다면 그것 또한 살펴 주길 바라오."

"믿고 맡겨 주십시오, 전하! 명을 받들어 영남으로 떠나겠습니다."

박문수는 자신 있게 답했다. 영조는 박문수의 그런 자신감이 마음에 들었다.

"늠름하고 활달한 기상을 보니 내가 다 힘이 나는구나."

박문수는 청계천 준천˚ 사업을 할 때의 영조를 떠올리며 다음 말을 이었다.

"전하는 청계천을 정비하려 하실 때도 직접 거리로 나가 백성들에게 의견을 물으셨습니다. 아마 지금도 하실 수만 있다면 직접 영남 지역을 다녀오고 싶으실 것 같은데, 제가 전하의 뜻을 받들어 잘 살펴보고 오겠습니다."

"맞소. 그대가 내 마음을 잘 아는구나. 마음 같아서는 직접 가서 보고 싶으나 난 나대로 궁에서 할 일이 있어 갈 수가 없구나."

영조는 도성을 벗어나 지방까지 두루두루 살필 수 없는 것이 몹시 안타까웠다.

"내 당파와 관계없이 능력 있는 어사들을 등용하고 그들의 말을

●준천 물이 잘 흐르도록 개천 바닥을 깊이 파서 쳐냄.

잘 새겨들을 것이니 돌아와 정확하게 보고를 해 주시오."

"명을 받들겠습니다!"

박문수는 영조의 열린 정사를 지지하며 자신이 중앙과 지방을 잇는 다리 역할을 할 것을 약속했다.

"소신이 전하의 발이 되어 돌아보고 오겠습니다. 흉년으로 인한 백성들의 생활은 물론, 자기 잇속만 챙기려는 관리들을 샅샅이 찾아낼 테니 전하께서 벌해 주십시오. 잘못한 사람을 벌하지 않으면 세상이 혼란스러워지니 이를 바로잡아 주셔야 합니다."

영조는 박문수의 말에 의아해하며 물었다.

"흉년으로 인한 피해를 살피기도 바쁠 텐데, 탐관오리까지? 좋소. 혹시라도 궁의 관리가 소홀한 틈을 타 부정부패를 일삼는 관리들이 있으면 찾아내시오. 반드시 벌할 것이오!"

"전하는 언제나 백성을 하늘로 섬긴다고 하셨는데 그 백성들이 못된 관리들로부터 시달림을 당하는 일이 있어서는 안 되지 않겠습니까?"

"허허, 맞는 말이오! 대신들이 왜 자네를 권했는지 알겠네. 이리 여러 가지를 꼼꼼하게 챙기는 것을 보니 적임자가 맞소!"

박문수는 흔쾌히 영남 어사가 되어 길을 떠났다. 안동, 예천, 상주 등지를 찾아다니며 흉년으로 힘들어하는 백성들을 빠짐없이 살폈다.

영조가 걱정한 것 이상으로 백성들은 시름시름 앓고 있었다. 아침이 오는 게 두렵고 끼니때가 오는 게 무서울 정도로 형편이 안 좋았다. 배가 고파 우는 아이들을 보고도 입에 넣어 줄 낟알이 없어 밤새 울었다는 한 아낙의 말에 박문수도 함께 눈물을 흘렸다.

박문수는 내 식구가 배고파 울고 있다고 생각하니 마음이 너무 아파서 정신을 바짝 차리고 마을 사람들을 도울 방법을 서둘러 찾았다.

먼저 관아의 곡식과 챙길 수 있는 마을의 곡식을 다 끌어모아 배고픈 백성들에게 나누어 주었다. 그리고 종자까지 다 잃어 농사지을 의욕을 잃은 농부들을 다독였다.

"쓰러져서는 안 되오! 내가 도울 테니 힘을 내시오!"

박문수는 힘껏 돕겠다고 약속하며 절망에 빠진 백성들을 어떻게든 도우려고 애썼다.

"어사님, 고맙습니다. 이제 죽는 일만 남은 줄 알았는데 이렇게 우리의 배고픔을 달래 주고 농사지을 종자까지 챙겨 주시다니요."

"모든 게 전하의 뜻이오. 전하는 백성들이 밥 세 끼만이라도 푸지

게 먹기를 바라고 계시오. 그러니 힘을 내서 다시 농사를 지어야 하오!"

박문수는 끼니를 거르는 사람이 없게끔 살뜰히 챙겼다. 배고픈 마을 사람들에게 곡식이 다 돌아가고 난 뒤, 박문수는 자신의 계획대로 본격적으로 마을을 살피기로 했다. 그런데 한 가지 걱정거리가 있었다.

'내가 탐관오리를 살피러 온 줄 알고 관아에서 미리 입단속을 시켰으면 어쩐담? 그렇게 되면 제대로 파악을 할 수 없는데, 변장이라도 하고 나가야 하나?'

아니나 다를까, 박문수는 사람들이 눈치를 슬금슬금 보며 자신을 피하는 것을 느꼈다. 뭔가 물어도 사실을 감추려는 듯 수상하게 답했고, 우물쭈물 두려운 표정만 짓는 사람도 있었다. 말을 잘못했다가 관아로 끌려가 벌을 받게 될까 걱정하는 눈치를 보이는 사람도 있었다.

박문수는 임금이 바른 정치를 펴려면 반드시 나쁜 관리들을 색출해야 한다고 생각했다. 그래서 이들의 입을 열게 하고 싶었다.

"흉년이라 하루하루를 버티는 게 얼마나 힘드시오? 어떻게든 돕고자 하니 원하는 게 있으면 무엇이든 말씀해 보시오."

백성들의 눈높이에 맞게 몸을 낮추고 마음을 헤아리려고 애쓰자 마을 사람들은 박문수를 믿고 담아 둔 이야기를 꺼냈다. 대부분 세금에 대한 짐을 제일 무거워했다.

"세금만 줄여 줘도 허리를 좀 펼 것 같습니다. 세금은 우리 발목을 잡고 있는 쇠고랑이에요!"

"흉년이 들어 다들 배를 곯고 있는데 관아는 왜 진작 곡식을 나누어 주지 않았던 겁니까? 사람들이 배고파 죽은 뒤에 쌀 포대를 풀면 뭐합니까?"

박문수는 마을 사람들의 말을 상세히 기록했다. 그리고 수령들에 대해서도 하나하나 파악하고 기록했다. 탐관오리를 그냥 지나치지 않겠다는 각오로 눈을 부릅떴다.

'저 사람은 허구한 날 술이나 마시며 놀이나 즐기고 있으니 안 되겠군. 여흥 즐길 생각만 하니 마을이 제대로 돌아갈 리가 있나?'

'저리 나약하고 어리석은 사람이 이 지역을 어떻게 다스리겠다는 건지⋯⋯.'

'돌아가 전하께 알려 파직되도록 해야겠군.'

박문수는 백성들은 뒷전이고 자기 배만 불리는 수령들에 대해 하나둘 파악해 갔다. 마을 사람들을 대할 때는 누구보다도 따뜻했지만, 수령들을 대할 때는 꼼꼼하게 따지며 엄격하게 대했다.

"전하, 영남 지방을 돌아보고 왔습니다."

6개월 동안의 임무를 마치고 한양으로 온 박문수는 영조 앞에서 그간에 보고 들은 일을 빠짐없이 보고했다. 백성들 살림살이가 어떤지, 흉년으로 인한 피해가 어느 정도인지, 농사지을 마음마저 잃은 백성들의 슬픔이 얼마나 큰지를 자세하게 전했다.

"곡식을 풀어 급한 대로 식량난을 해결하고, 자질이 부족한 수령들도 다 파악해 왔습니다."

박문수의 보고를 들은 영조는 그를 아주 든든하게 여겼다. 영조는 무척이나 흡족한 얼굴빛으로 말을 이었다.

"이리 먼 길을 다녀와 주니 참으로 고맙소. 내가 직접 다녀온 듯 상세히 알려 주는구려."

영조는 탐관오리에 관한 이야기도 꺼냈다.

"백성을 괴롭히는 관리들의 문제가 어찌 영남 지역만의 일이겠소. 다른 지역도 이참에 살펴봐야 할 것 같군. 내 약속한 대로 백성들을 괴롭히는 탐관오리는 엄격하게 벌할 걸세."

영조가 단호한 표정으로 말했다.

"그리고 전하, 백성들의 고충 중의 하나가 세금입니다. 세금 때문에 허리가 휠 것 같다 하니 그들의 고충을 헤아려 주십시오."

"그럴 테지. 세 끼 먹는 게 힘든 사람들한테 세금은……."

영조는 힘들어하는 백성들을 생각하자 마음이 무거워 말을 잇지 못했다.

박문수는 이런 영조의 마음을 아주 귀하게 받아들이며 충심을 다해 영조를 도와 백성의 고충을 해결하겠다고 다짐했다.

다음 해, 큰일이 터지고 말았다.

"전하, 이인좌가 난을 일으켰습니다!"

권력에서 밀려난 이인좌가 난을 일으켜 충청도 청주를 점령한 것이었다. 주변 지역 곳곳에서도 피비린내 나는 전투가 벌어졌다.

박문수는 종사관에 임명되어 병조판서 오명항을 보좌하라는 명을 받고 청주로 향했다.

"전하, 하루빨리 난을 평정하고 오겠습니다."

이인좌 무리는 영조를 무너뜨리기 위해 무섭게 달려들었다.

"우리는 영조를 임금으로 삼은 적이 없다! 물러나라!"

"영조는 임금의 자리를 탐해 경종을 독살한 자다! 하늘의 뜻을 어긴 자다!"

이인좌 무리는 영조를 임금으로 인정할 수 없다고 외쳤다.

사실 영조는 왕위를 이을 왕세자가 아니었다. 이복형인 경종에게 자식이 없어, 경종이 죽은 뒤 임금의 자리에 오른 것이다. 그런데 영조가 임금의 자리에 오른 뒤, 이상한 소문이 나돌기 시작했다. 영조가 이복형인 경종을 독살한 것 같다는 소문이었다. 영조는 이 소문으로 무척 괴로워했다. 이 와중에 이인좌가 그 점을 들먹이며 반역을 꾀한 것이다.

"영조의 앞잡이들을 쳐라!"

"경종을 독살한 자를 몰아내고 우리가 새로운 임금을 세우겠다!"

박문수는 그런 외침을 들으며 영조를 위해 목숨을 걸고 싸웠다. 싸움은 갈수록 치열해졌지만 결국 관군에 의해 이인좌 무리는 무너졌다.

박문수는 난을 평정한 뒤에도 청주를 떠나지 않았다. 난이 일어난 지역의 피해가 어느 정도인지 살피기 위해서였다. 역시나 사정이 좋지 않았다. 난을 일으켰던 무리 가운데 도망친 자들이 도둑으로 변해 마을 곳곳을 흉흉하게 만들고 있다는 소식이 들려왔다.

"기어코 마을을 쑥대밭으로 만들 셈이군! 나라를 어지럽히는 세력이 아직 남아 있다니."

화가 난 박문수는 곧장 군사를 이끌고 그곳으로 진격했다. 반란군들이 도둑질을 일삼고 있는 마을에 도착해 보니 피해는 생각보다 더 심각했다.

　"들어라! 마을 곳곳을 살펴 조금이라도 수상한 자가 눈에 띄거든 단 한 명도 놓치지 말고 다 잡아들이거라."

　그러나 박문수가 마을로 들어오고 있다는 소식을 들었는지 도적 무리는 보이지 않았다. 이상한 건 도적뿐 아니라 마을 사람들도 보이지 않는다는 점이었다.

　"이상하지 않소? 왜 사람들이 보이지 않는 거요?"

　알아보니 마을 사람들이 산속으로 숨어 들어간 것이었다. 박문수는 혼자 산으로 들어가 마을 사람들을 찾아 나섰다. 백성들을 안심시키기 위해 무기도 가져가지 않고 군사 한 명 거느리지 않았다. 도적 떼가 매복해 있을지도 모르는 위험한 상황이었지만 겁내지 않았다.

　"이제 싸움은 끝났소. 어서들 나와 집으로 돌아가시오."

　박문수는 산 깊숙이까지 들어가 크게 소리쳤다.

　"아무도 해치지 않을 테니, 집으로 돌아들 가시오! 그 누구에게도 죗값을 묻지 않을 것이오!"

그제야 슬금슬금 눈치를 보던 백성들이 하나둘 얼굴을 내보이며 울음을 터뜨렸다.

"목숨만 살려 주십시오. 그들이 위협을 해서 어쩔 수 없이 나섰던 것입니다."

"우리가 뭘 알고 그들 뒤를 따라갔겠습니까? 그저 살려고, 살고 싶어서 그랬습니다. 부디, 은혜를 베풀어 주십시오."

박문수는 겁을 먹고 울음을 쏟아 내는 백성들을 안심시켰다.

"알고 있소. 내가 군사들을 이끌지 않고 온 건 날 경계하지 말란 뜻 아니겠소? 도적들이 위협해서 반란군 편에 섰다는 말을 믿으니, 어서 눈물을 거두고 집으로 돌아들 가시오."

"저희를 잡아가지 않겠다는 말씀이시죠? 살려주시겠다는 말씀이신 거죠?"

"암, 걱정하지 마시오. 가서 마을부터 살피시오. 밥 지을 준비도 하고 농사지을 준비도 하시오! 내가 돕겠소."

마을 사람들은 박문수 앞에 고개 숙여 인사를 하고는 산을 내려갔

다. 하나둘씩 나오던 사람들이 갑자기 우르르 쏟아져 나오며 무리를 지어 산에서 빠져나왔다.

박문수는 수십 일 동안 그곳에 머물며 백성들의 생계를 도왔다. 그리고 남아 있는 이인좌 무리를 모두 처단한 뒤에야 영조 앞에 돌아왔다.

"지혜롭기가 따를 자 없다더니 과연 그렇군. 반란군을 소탕하는 데 자네의 힘이 컸네. 이제야 세상이 좀 안정되겠구려. 허나, 내 마음이 참 아프오. 난에 참여한 사람이 무려 수십만 명에 이르고, 아직도 내가 경종을 독살한 거로 알고 있는 사람이 있으니……. 언제쯤 그 오명을 씻을 수 있을지 모르겠소."

박문수도 마음이 아팠다. 영조의 아픈 마음이 그대로 전해졌다.

"전하, 권력에서 밀려난 자들의 입에서 나온 이야기입니다. 이제 아픈 마음을 거두십시오. 저 역시 소론˙에 속한 자이지만 다른 당을 무조건 배척하지는 않습니다. 당의 입장은 각기 다를 수 있으나 나라를 위한 길은 같아야 합니다. 서로 싸울 것이 아니라 한데 마음을 합침이 옳은 것 아니겠습니까?"

박문수는 소론에 속한 사람으로서 소론의 과격론자 이인좌가 일으킨 난을 평정한 것이었다.

"소신은 나라를 위해 어떤 것을 우선해야 하는지, 무엇이 의로운 일인지를 가장 먼저 판단할 뿐입니다."

박문수는 당파 싸움에 조금도 휩쓸리지 않았다. 소론이냐 노론이냐 따지는 게 아니라 나라를 위해 어떤 일을 하느냐를 중요하게 여겼다. 또한 영조는 노론의 힘으로 왕위에 올랐음에도 소론인 박문수를 등용했다. 그건 영조가 열린 정사를 위해 '탕평책'을 써서 가능한 일이었다.

"맞는 말일세. 나 역시 그런 이유로 한쪽에 치우치지 않고 인재를 고루 등용하고 있는데 당파 싸움이 좀처럼 끝나지 않으니……."

영조가 씁쓸한 표정을 지으며 이어 말했다.

"앞으로 노론과 소론을 더 균형 있게 맞춰 가겠네. 치우치거나 무리 지음이 없으면 왕도가 편하다고 했으니 그 뜻을 따라야 하지 않겠나?"

"소신 또한 전하의 그 뜻을 받들겠습니다. 어느 한쪽으로도 치우침 없이 탕탕평평, 백성들만을 위해 걸어갈 것을 맹세합니다."

박문수의 말에 영조는 고개를 크게 끄덕였다. 그리고 이인좌의 난

● **소론** 조선 시대 사색당파(노론, 소론, 남인, 북인) 중 하나.
● **탕평책** 조선 영조 때 당파 간 싸움을 없애려고 인재를 고르게 등용한 정책.

을 평정한 박문수에게 벼슬을 내렸다.

그 뒤로도 박문수는 영조가 내리는 명이라면 늘 성심껏 따랐다. 1729년, 박문수에게 경상도 관찰사의 임무가 주어졌다.

박문수는 그곳에서도 일을 돌보느라 바쁜 나날을 보냈다. 그러던 어느 날, 해안을 따라 뭔가 떠내려오는 것을 발견했다. 물살을 타고 그릇, 쟁반, 찬장 등이 둥둥 떠내려오고 있었다. 박문수는 발길을 멈췄다.

"대체 이게 어디서부터 떠내려오는 거요?"

박문수가 상황을 가늠해 보려고 한참을 서 있는데, 함께 있던 관리가 걸음을 재촉했다.

"그냥 가던 길을 가시지요. 이 일은 저희가 할 일이 아닙니다."

박문수는 고개를 크게 저으며 떠나지 않으려 했다.

"함경도 지방에 홍수가 났다는 소식을 들었는데 아마도 거기서 떠내려온 것 같습니다. 예전에도 이런 적이 있었습니다. 그러니 그냥 가셔도 됩니다. 이 일은 그곳에서 처리할 일이니 신경 쓰지 마시고 어서 가시지요."

그러나 박문수는 남의 일로 떠넘길 수 없었다.

"웬만한 홍수가 아니면 물건들이 여기까지 떠내려올 리가 없지 않소? 백성이 홍수 때문에 고생하고 있는데, 누구라도 먼저 나서서 돕는 게 순서 아니겠소. 어찌 이 지역 저 지역 따져 가며 일을 떠넘기려 한단 말이오."

박문수는 호통을 치며 이 문제를 해결하기 위해 관아로 발을 옮겼다.

"지금 함경도 지역에서 큰 홍수가 난 것 같으니 그곳으로 곡식을 서둘러 보내십시오. 물에 곡식이 다 쓸려 내려갔을 테니 백성들이 끼니를 거르고 있지 않겠습니까? 백성들을 살려야 하니 어서 서두르십시오!"

박문수는 곡식을 급히 챙겨 배에 싣게 한 뒤 함경도로 보냈다. 한시라도 빨리 함경도에 도착하기만을 바라며 하루하루를 걱정 속에 보내는데, 관아에서는 이 일을 두고 한바탕 수군거림이 있었다. 박문수가 일을 처리하는 순서가 잘못됐다는 것이다.

"어찌 일을 마음대로 하십니까? 이런 일은 조정에 보고한 뒤 명이 떨어지면 그제야 일을 행하는 겁니다."

"일이란 순서가 있는 법인데, 어찌 조정에 보고하지 않은 채 이렇게 처리한단 말입니까? 전하가 아시면 당장 문책을 하실 것입니다."

관리들은 아주 불쾌한 얼굴빛으로 박문수에게 따졌다.

그러나 박문수는 끄떡도 하지 않고 도리어 이렇게 말했다.

"잘 들으시오. 내가 두려운 건 문책이 아니라 백성들이오!"

박문수는 죽어가는 백성들을 살릴 수만 있다면 문책을 당해도 상관없다고 소리쳤다.

"어찌 일의 순서가 사람보다 중하다 할 수 있소? 조정에 알린 뒤 명이 떨어질 때를 기다리다 백성들이 배고파 다 굶어 죽으면 그때는 어떻게 할 거요? 날 비난하고 싶거든 얼마든지 하시오!"

박문수는 백성의 목숨보다 일의 순서만 따지는 관료들이 답답해 소리를 버럭 질렀다.

이후에도 박문수는 어사를 비롯하여 여러 관직을 지냈다. 한 번은 흉년이 든 호서 지방을 살피고 오라는 명을 받고 떠났는데, 그곳의 처지가 무척 심각했다. 관아에 비축해 둔 곡식까지 다 떨어진 상태였다. 그것을 본 박문수는 주저 없이 자신의 곡식 창고를 열어 가진 곡식을 모두 마을 사람들에게 나누어 주었다.

그러고는 서둘러 궁으로 돌아와 영조에게 보고를 올리며 재원 마련에 대한 이야기를 꺼냈다.

"전하, 이번에 호서 지방을 둘러보니 가난한 백성들을 구제할 재원 마련이 아주 시급합니다."

"허나, 백성들에게 세금을 더 거둘 수는 없지 않겠소?"

"진휼 재원●을 더 마련할 방법으로 소금을 생산하면 어떨까 하는데, 전하의 생각은 어떠신지요? 김해에서 소금을 생산해 재원을 충당하면 어느 정도는 해소할 수 있을 것 같습니다."

얼마 뒤, 영조는 재원 마련을 위한 소금 생산을 허락했다. 김해에서 일만 팔백여 석의 소금이 생산됐는데 그중에서 일만 석을 가난한 백성들을 돕는 데 쓸 수 있게 되었다. 영조는 몹시 흡족해했고 이 일로 박문수는 더 신뢰를 받게 되었다.

"전하, 전하가 뜻을 함께해 주시니 이 같은 일이 가능했습니다."

"어찌 공을 내게 돌린단 말인가? 자네의 역할이 아주 컸네. 앞으로도 난 자네와 고락을 함께해야 할 것 같구려."

"전하와 같은 성군과 고락을 함께할 수 있다면 이보다 더한 영광이 어디 있겠습니까?"

"허허, 그리 말해 주니 나도 고맙네. 앞으로도 지금처럼 고개를 들고 당당히 말해 주게. 자신감 있고 기개 넘치는 그대의 태도가 정말 좋으니."

●진휼 재원 흉년을 당하여 어려운 백성들을 도와주기 위해 쓰이는 돈.

영조가 웃으면서 말했다.

박문수는 다른 신하들이 임금님 앞에서 고개 숙여 말하는 것과는 달리 고개를 들고 말했다. 이런 박문수를 두고 좌의정은 무례한 행동이라고 지적했지만, 박문수는 그래도 고개를 숙이지 않았다. 패기 넘치는 얼굴로 영조와 눈을 맞추어 가면서 거침없이 말하는 게 그의 방식이었다. 영조는 그런 박문수를 너그러이 이해하고 지지했다.

"전하가 그리 이해해 주시니 감사합니다. 제가 고개를 숙이지 않는 것은 전하의 얼굴을 보아야지만 전하의 마음을 살필 수가 있기 때문입니다."

"암, 앞으로 쭉 그리해도 좋소!"

영조가 호탕하게 웃으며 말했다.

이후로도 영조는 박문수가 백성을 살피는 데 어려움이 없도록 각별히 힘을 실어 주었다. 박문수 역시 영조가 백성들을 위한 정치를 잘 펼칠 수 있도록 그의 곁에서 지지를 아끼지 않으며 온 마음으로 도왔다.

박문수는 세상을 떠날 때까지 영조의 충신으로 지냈다. 나라에 보탬이 되고 영조에게 보탬이 되고자 했던 박문수는 백성들의 삶을 나아지게 만드는 데 아주 큰 역할을 했다.

　백성들은 이런 훌륭한 신하를 곁에 보내 준 임금의 은혜에 깊이 감사하며 그 이름을 칭송했다. '어사 박문수'라는 이름은 백성들의 입에서 입으로 오래오래 전해졌고, 훌륭한 관리로서 어사들의 본보기가 되었다.

알아두면 지식 쑥쑥! 왕 옆의 사람들 이야기

암행어사

임금을 대신하는 사또

임금이 한양에만 머문다고 해서 지방 백성들을 보살피지 않는 것은 아니야. 지방에는 임금을 대신해서 사또를 보냈어. 사또에게는 일곱 가지 임무가 있었어. 농사와 양잠을 장려할 것, 고을 인구가 늘어나도록 할 것, 학교를 일으켜 세울 것, 군역을 바르게 할 것, 부역을 균등하게 할 것, 소송을 간명하게 할 것, 교활하고 간사한 버릇을 그치게 할 것 등이지. 이는 임금을 대신해서 백성들을 잘 살피라는 뜻이야.

사또의 권한은 막강해. 지금으로 말하자면 행정권은 물론이고 군사권, 사법권, 재판권 등 지방의 모든 권력을 가지고 있었지. 그래서 어떤 사또가 오느냐에 따라 백성들의 삶이 결정됐어.

나쁜 사또가 부임해 와도 고을 사람들은 어찌할 수가 없었어. 사또가 잘못을 해도 사또를 법으로 고소할 수 없었지. 아들이 아버지를 고소할 수 없고, 신하가 임금을 고소할 수 없는 것과 마찬가지로 조선 시대에는 법률로 고을 사람들이 사또를 고소하는 것을 금지한 거야.

 ## 이중의 보완 장치, 암행어사

사또가 아무리 큰 권력을 가지고 있어도 마음대로 고을을 다스릴 수는 없었어. 사또를 관리하고 감독하는 사람이 있었거든. 그 사람이 바로 관찰사야. 요즘으로 말하면 도지사쯤 되는 사람으로 도의 모든 일을 책임지는 사람이지. '평안 감사도 저 싫으면 그만이다.'라는 속담에 나오는 감사가 바로 관찰사야. 각 도의 관찰사들은 자신이 관리하는 사또들이 잘못한 일이 없나 감독했어. 또 다른 보완 장치도 있었어. 바로 암행어사야. 지방의 어느 고을에 문제가 있다고 여겨지면 암행어사를 보냈어. 암행어사는 관리라는 것을 밝히지 않고 변장을 하고 다녔지. 그렇게 몰래 다녀야 잘못된 점을 제대로 확인하고 밝히기 쉬웠으니까.
폭정에 시달리는 백성들에게 암행어사는 가뭄에 내리는 단비와 같았을 거야.

 ## 마패와 유척

'암행어사'하면 떠오르는 것이 바로 마패야. 원래 마패는 관리들이 역에서 말을 이용할 수 있는 증표인데 암행어사에게도 지급했기 때문에 암행어사의 상징이 된 거야. 마패는 업무 수행을 입증하는 신분증으로 쓰였을 뿐 아니라 도장으로 사용하기도 했어.
암행어사는 마패 외에 유척이라는 구리로 만든 자를 가지고 다녔어. 암행어사에게 자가 왜 필요했을까? 옛날에는 세금을 쌀이나 옷감으로 받았어. 나쁜 수령들은 부피를 재는 되나 말, 길이를 재는 자 등을 조작하여 세금을 더 거둬들이기도 했지. 또한 죄인을 벌주는 곤장 등의 형구를 규정보다 더 크게 만들어 백성들을 괴롭히기도 했어. 결국 유척은 백성들의 삶과 가장 가까운 세금과 형벌이 공평한지를 확인하는 도구였던 거야.

조선 시대 • 최익현과 고종

목숨을 건 상소를 멈추지 않은
최익현

　잘못된 일이나 억울한 일을 임금에게 알리고 싶을 때는 어떻게 해야 할까요? 글(한문)을 아는 양반이면 상소문을 써서 왕에게 하고 싶은 이야기를 전했고, 글을 모르는 백성들은 다른 사람에게 부탁하거나, 임금이 지나는 길에 꽹과리를 쳐서 억울한 사정을 말할 기회를 만들었습니다.

　많은 신하가 임금에게 상소를 올렸지만, 그중 유명한 사람이 최익현입니다. 최익현은 임금이 올바른 정치를 할 수 있도록 바른말을 아끼지 않았던 사람입니다. 도끼를 짊어지고 상소문을 임금에게 바친 적도 있습니다. 자신의 말이 틀리다면 짊어지고 간 도끼로 바로 목을 치고, 그렇지 않다면 상소문을 헤아려 정치를 바로잡아 달라는 시위였습니다. 최익현이 이렇듯 목숨까지 걸고 왕에게 상소를 올린 이유는 무엇일까요?

'임금께서 즉위했을 때의 나이가 열둘…….'

최익현은 흥선 대원군이 머무는 내실을 보며 혼잣말을 했다.

'그때는 임금께서 너무 어려 아버지가 나랏일을 대신 살펴야 했지만 이제는 세월이 많이 흘렀으니 임금께서 직접 다스려야 하지 않을까?'

최익현은 때가 되었는데도 대원군이 고종에게 권력을 넘기려 하지 않는 것을 보고 크게 걱정을 했다. 대원군은 권력을 넘기기는커녕 오히려 더 강화하기 위해 안간힘을 쓰고 있었다.

우선 왕권을 강화하고 왕실의 존엄을 천하에 알리겠다며 임진왜란 때 타 버린 경복궁 재건에 막대한 재정을 쏟아부었다. 결국 그 일로 나라의 재정이 바닥나 버렸고 백성들은 더 궁핍해졌다. 재정 파탄을 염려한 대신들이 누누이 말렸지만 귀 기울여 듣지 않았다.

결국 예상대로 재정이 부족해지자 대원군은 백성들로부터 세금을 더 거둬들였다. 이제 서울의 성문을 출입할 때도 돈을 내야 했다.

"아니, 이게 말이 되는 소리요? 문 하나 드나드는데 돈을 내라는

게? 궁궐은 하루가 다르게 화려해지는데, 백성들은 무거워진 세금에 피눈물만 흘리게 생겼군."

최익현은 고통받는 백성들을 생각하며 눈물을 흘렸다. 마음이 어찌나 아픈지 밥을 먹을 때도 밥알을 달게 씹어 삼킬 수가 없었다.

대원군이 처음 정치를 할 때 백성들은 기대에 부풀어 있었다. 인재를 두루 등용했고 나라의 재정도 튼튼하게 만들었다. 백성들은 임금을 대신한 대원군의 정치를 지지했다. 그런데 경복궁 재건을 하는 동안 백성들의 기대는 점차 사라져 버렸다.

최익현은 대원군의 정사에 문제점이 있다는 것을 알리고 싶었다. 누구 하나 나서서 그 말을 하는 사람이 없으니 자신이 나설 수밖에 없다고 이미 마음도 먹었다.

'백성들이 울고 있는 걸 모른 척하면 나도 저들과 다를 것이 없지 않은가? 불의를 보고 침묵해서는 안 되지!'

최익현은 대원군의 정사에 무엇이 잘못됐는지를 상소를 써서 알리기로 했다. 상세하게 적어 진심을 다해 상소를 올리면 반드시 변화가 있을 거라 믿었다.

최익현은 경복궁 재건을 중지하고 성문을 출입할 때 내는 통과세를 없애 백성의 부담을 줄여 주어야 한다는 내용의 상소를 올렸다.

하지만 기다리던 답은 오지 않았고, 여러 대신에게 비난만 받았다. 그들은 눈에 핏대를 세우며 분노의 말을 쏟아 냈다.

"감히 대원군에게 이런 망발˚을 지껄이다니!"

"당장 내쳐야 하오!"

"이자를 당장 처벌하시오!"

최익현과 뜻을 같이하는 대신도 더러 있었지만, 대원군 편에 서서 권력을 유지하려는 사람들의 목소리가 더 컸다. 그들은 최익현을 심하게 몰아쳤다.

"이자는 멀리 유배 보내야 하오!"

"조정에 발붙이지 못하게 하란 말이오!"

그러나 고종은 최익현의 뜻을 높이 사 최익현에게 더 높은 벼슬을 내렸다.

"어찌 벌하지 않으시고 더 높은 벼슬을 내린단 말입니까? 최익현이자는, 아버지 대원군을 탓한 자입니다."

"이렇게 일을 처리하시면 조정이 혼란스러워집니다. 벌해야 할 자는 벌해야 합니다!"

● 망발 분별없는 말이나 행동. 망령이나 실수로 그릇된 행동을 함.

신하들이 여기저기서 불만을 토로했다. 그러나 고종은 이렇게 말했다.

"참으로 하기 어려운 말을 하지 않았소? 당신들 같으면 목숨을 내놓고 그리 어려운 말을 했겠소? 나 역시 백성들에게 과중한 세금을 매기는 것이 마음에 걸렸는데, 최익현이야말로 바른말을 하는 충신이오."

고종은 최익현과 같이 백성들의 마음을 헤아리고 싶다고 했다.

"비록 아버지가 하시는 일이라 해도 무조건 지지할 수만은 없소. 민심을 흔들고 조정에 불신을 주는 일이라면 말이오."

고종은 소신껏 행동하는 최익현을 눈여겨보았다.

그 뒤 조정에서는 고종을 지지하는 세력과 대원군을 지지하는 세력 사이의 대립이 더욱 심해졌다. 이런 가운데 대원군은 재정을 축내는 것 중의 하나가 서원이라며 서원을 철폐하라는 명을 내렸다.

서원들을 철폐하라! 전국에 47개소만 남기고 정비하라.
조정의 재정에 부담을 주는 서원은 철폐되어야 함이 마땅하다.
반드시 내 명대로 하라!

이 소식을 들은 전국 각지의 유림은 궁 앞으로 모여들어 반발했다. 하지만 권력에 떠밀려 제대로 말도 한번 못 하고 금세 흩어지고 말았다.

'백성을 수탈하는 이상한 서원도 있음을 알고 있지만, 그렇다고 이렇게 갑작스럽게 서원 철폐령을 내리다니…….'

최익현은 힘없이 떠밀려 가는 유림을 보면서 이번에는 서원 철폐에 반대하는 상소를 올리기로 했다.

얼마 전 올린 상소로 조정이 발칵 뒤집혔던 것을 생각하면 이번에도 순탄치 않을 게 충분히 짐작됐다. 그럼에도 과감하게 결정을 내렸다. 최익현은 관직에서 물러날 각오까지 하고 있었다.

예상한 대로 최익현이 올린 상소는 아무런 힘을 발휘하지 못했다. 대원군은 독단적으로 수백 개가 넘는 서원을 철폐시켜 버렸고, 자신의 계획대로 된 것에 대해 대단히 만족해했다.

최익현은 참담했다.

"권력자가 행하는 일이라면 그것이 옳지 않아도 무조건 따라야 한단 말인가? 힘 있는 자 앞에서 모두 무릎을 꿇어야 한단 말인가?"

최익현은 분노가 치밀어 견딜 수가 없었다. 아무것도 할 수 없음에 한탄을 금치 못했다. 이 일로 최익현과 대원군은 회복될 수 없을 정도로 사이가 나빠졌다.

대원군은 여전히 아들인 고종에게 권력을 넘겨주지 않은 채 섭정*을 이어갔다.

"이젠 나도 성년이 되었는데, 어찌 아버지는 내게 권력을 넘겨주지 않는지 모르겠습니다. 아버지는 조정에서 본인을 지지하는 세력과 나를 지지하는 세력 가운데 어느 편이 더 센지 두고 보는 것 같습니다."

최익현은 고종의 고민을 들을 때마다 안타까웠다.

"저 또한 안타깝기 그지없습니다. 전하가 왕위에 오른 지도 십 년이 다 되어 가는데, 답답할 뿐입니다. 대원군을 반대하는 사람들의 목소리가 점점 커지고 있는데, 그 전에 대원군께서 스스로 물러나시는 것이 좋을 듯합니다."

최익현은 고종의 마음을 헤아리며 어렵게 말했다. 그러자 고종은 깊은숨을 몰아쉰 뒤 그동안의 답답함을 다 쏟아 냈다.

"탐욕에 빠져 있으니 무엇이 보이겠습니까?"

"제가 돕겠습니다. 전하가 하루라도 빨리 직접 정사를 펴실 수 있도록 힘을 보태겠습니다!"

● 섭정 왕을 대신해 나라를 다스림.

최익현은 고종 앞에서 이렇게 다짐했다. 그러고는 다시 상소를 올리기로 했다. 이번에는 죽기를 각오하며, 그야말로 막다른 곳에 이른 비장한 심정으로 상소를 올렸다.

흥선 대원군의 부조리한 정사는 더는 안 됩니다. 백성들을 살피지 않는 정사가 이어지면 나라가 위태로워집니다. 이제는 멈추십시오. 또 듣기 좋은 말로 아부하는 신하들과 강직한 신하들을 구분해 보아야 합니다. 또 백성들이 과중한 세금 때문에 피눈물을 흘리고 있으니 다시 한 번 살펴 주시길 바랍니다.

조정은 발칵 뒤집혔다. 특히 대원군을 지지하는 대신들은 화를 못 이기며 고함을 쳤다.

"감히 부조리한 정사라고 언급하다니?"

"이자는 힘없는 자의 용기가 아무짝에도 쓸모없다는 걸 아직 모르는가 보오. 주제를 모르는 자요!"

"강직함이 대쪽 같다더니, 그 대쪽이 하루아침에 부러지는 걸 보게 생겼군. 어디 그 꼴 좀 봅시다!"

대신들은 최익현을 눈엣가시로 여겼다.

"겁 없이 달려드는 저자를 하루라도 빨리 없애 버려야 하오!"

그러나 이번에도 고종은 최익현을 벌하지 않았다. 오히려 더욱 신임하여 더 높은 벼슬인 호조 참판에 임명했다. 당연히 조정은 또다시 시끄러워졌다.

고종이 최익현을 두둔하면 할수록 이를 경계하는 세력들이 최익현의 목을 조여 왔다.

"당신 말 한마디에 조정이 그리 쉽게 바뀔 것 같소? 아직 대원군이 눈을 시퍼렇게 뜨고 있는데, 어찌 목숨이 무서운 줄 모르고 대원군을 비난한단 말이오?"

"고종을 믿고 이리 앞뒤 안 가리고 날뛰는 겁니까?"

최익현은 상소를 올릴 때마다 수없이 곤욕을 치르고 시달림을 당했지만 그럴 때마다 권력에 눈먼 자들과 맞서 싸우기 위해 더 강해지기로 했다. 그런 고통쯤은 충분히 감내해 내며 눈 하나 꿈쩍하지 않았다. 최익현의 이런 모습에 고종의 편에 선 대신들도 목소리를 높이기 시작했다. 그동안 지켜만 보던 대신들은 대원군의 잘못된 정사를 조목조목 짚으며 물러날 것을 내비쳤다.

최익현은 이때를 기회로 삼아 자기 뜻을 강력하게 알리기로 했다. 이번에 올리는 상소가 제힘을 발휘해 새 세상을 가져다주길 간절히 바라며 애끓는 마음으로 다시 상소를 쓰기로 했다.

"곪아버린 종기에서 피고름을 짜내려면 어쩔 수 없지. 칼을 드는 수밖에!"

최익현은 비장한 결의를 하며 신랄하게 흥선 대원군의 정사를 비판했다.

이제 왕위를 넘겨주셔야 합니다. 어떤 선택을 하느냐에 따라 국가의 존망이 달려 있으니, 때를 알고 행하시길 바랍니다. 세상을 바로 보십시오.

대신들은 최익현이 이제야 본색을 드러낸다며 비난을 가했다.

"왕위를 넘기라고? 고종을 등에 업고 권력을 얻겠다는 본심을 이제야 드러내는군."

"우리를 너무 호락호락하게 봤어!"

"부자간을 이간질하는 저자는 역적이오!"

"왕을 능멸한 자를 살려 둬서는 안 됩니다!"

최익현은 목숨이 열 개라면 열 개를 다 바쳐야 할 정도로 위협적인 공격을 받았다. 비열한 방법으로 권력을 얻으려는 자라고. 그러나 이 상소는 힘을 발휘했다. 고종의 지지 세력들이 한꺼번에 불같이 일어난 것이다. 그동안 대원군의 정사를 보며 가슴에 분노를 품었던 이들이 일시에 한목소리로 '대원군 하야'를 외쳤다.

그 힘이 얼마나 컸는지 마침내 세상이 바뀌었다. 대원군이 권좌에서 물러났다.

고종은 비로소 직접 정사를 펼 수 있었다.

"전하, 드디어 새 세상이 왔습니다!'

최익현은 조정에 새바람이 불게 된 것을 보며 눈물을 흘렸다. 그동안의 아픔이 순식간에 사라지는 것 같았다.

"힘이란 바른 일을 위해 쓰여야 하는 것이온데 그동안은 누군가를 해하고 핍박하는 데 너무 오랫동안 쓰였습니다."

최익현은 고종이 백성들을 위한 새 세상을 열어 줄 것을 진심으로 바랐다. 대원군에게 지쳐 있던 백성들 역시 고종에게 기대하는 바가 컸다.

그런데 고종이 나라를 다스리기 시작한 지 얼마 되지 않아 뜻밖의 일이 터졌다. 조선의 문호를 개방하라고 줄기차게 요구하던 서양 세력과 일본이 대원군이 물러나기가 무섭게 행동에 나선 것이었다. 일본은 조선 해안을 측량한다는 핑계로 군함 운요호를 보내 강화도에 불법으로 침입했다.

강화도를 지키고 있던 우리 군사들은 일본 군함의 접근을 막으려

대포를 쐈다. 기회를 노리고 있던 일본군은 이를 빌미로 강화도를 공격했고, 조선은 큰 피해를 입었다. 하지만 일본은 포격전이 벌어진 책임을 조선에 따지고 들었다.

"우리 일본은 운요호에 포격을 가한 책임을 조선에 묻고자 하오. 협상 날짜를 잡았으니 반드시 그 자리에서 우리의 요구를 들어주시기 바라오."

일본은 피해에 대한 책임을 묻겠다며 일방적으로 협상을 강요했다. 그들이 요구하는 것은 개항과 일본에 유리한 우호 조약이었다.

최익현을 비롯한 위정척사파는 일본의 요구 내용을 보고 개항을 강하게 반대했다.

"전하, 조약을 맺어서는 절대 안 됩니다! 조약을 맺는 것은 개항을 의미하는데, 어찌 외세에 문을 열어 준단 말입니까?"

고종은 최익현의 다그침에 그 어떤 대답도 하지 않았다. 외세의 문물을 배척하고 성리학을 지켜 내려는 위정척사파들은 지금까지 이어져 온 전통 사회를 깨뜨려서는 안 된다며 개항을 결사반대했다. 하지만 찬성하는 세력도 있었다. 실권을 쥐고 있는 왕비 민 씨와 민 씨와 한편인 세력들은 하루빨리 개항해야 한다고 주장했다.

"이제는 문호를 열 때가 되었습니다. 언제까지 고리타분하게 전

통과 윤리만 고집할 것이오?"

 대신 중에는 왕실에 개항할 것을 적극 권하는 사람도 있었다. 고종은 점차 개항하자는 쪽으로 마음이 기울었다.

 최익현은 속이 타서 더는 참을 수가 없었다.

 "전하, 절대 조약을 체결해서는 안 됩니다. 어찌 오랑캐들과 교류를 한단 말입니까? 나라에 큰 해가 되는 일입니다. 잘못된 길로 가는 것임을 반드시 아셔야 합니다."

 최익현은 어떻게든 개항을 막겠다고 죽을 각오까지 했지만, 개항에 찬성하는 사람들은 점점 늘어갔다. 최익현은 이 문제만큼은 절대 물러서지 않겠다며 다짐에 다짐을 거듭했다.

"저는 스승에게 '위정척사', 즉 바른 것은 지키고 악한 것은 배척하라고 배웠습니다. 저는 이 배움대로 행할 것입니다. 조선을 지켜온 성리학을 일본과 서양의 문명에 위태롭게 놔둘 수 없기에, 상소를 올릴 것입니다. 개항을 막지 못한다면 차라리 죽겠습니다."

최익현은 끓어오르는 분노를 간신히 참아 내며 개항에 반대하는 상소를 올렸다. 고종은 승정원을 통해 이 상소를 전달받았다.

"아니, 최익현은 제주도에서 돌아온 지 얼마나 되었다고, 이 같은 상소를 또 올린단 말이오?"

고종은 몹시 불쾌했다. 지난번에 올린 상소로 제주도에 유배를 가 있던 최익현을 풀어 준 지가 얼마 되지 않았기 때문이었다.

"많은 대신이 개항에 찬성하고 있는데, 어찌 그 이야기에는 귀 기울이지 않고……, 게다가 도끼 상소라니?"

고종은 최익현이 올린 상소가 죽음을 각오한 도끼 상소라는 데 더 불같이 화를 냈다.

"자기 뜻이 관철되지 않으면, 차라리 죽겠다는 것 아니오? 이건 내 의지를 꺾어 보겠다는 것과 같지 않소?"

고종은 고개를 절레절레 저었다. 신임하던 대신이 이렇게 나오니 어떤 답을 해야 좋을지 알 수 없었다.

　최익현은 고종에게서 어떤 명이 내려질지 애가 타게 기다렸다. 그러나 조정에서는 어떠한 답도 내려오지 않았다.

　"지금 머뭇거릴 시간이 어디 있단 말인가? 일 분 일 초 뒤에 어떤 일이 벌어질지도 모르는 이 급박한 상황에! 외세에 문을 열어 주기 전에……."

　최익현은 큰일을 앞두고 주춤할 수 없어 곧바로 도끼를 들고 광화문으로 나아가 엎드렸다. 그러고는 절박한 심정으로 말했다.

　"전하, 신은 정사가 바르지 못할 때는 목숨을 내걸고 바른말을 해야 한다고 배웠습니다. 또 임금 사랑을 아비 사랑처럼 하라고 배웠기에, 전하를 아비로 여기고 상소를 올린 것입니다."

　최익현은 어릴 때 스승에게 배운 것을 떠올리며 세세하게 말했다.

　"전하, 조약을 맺는 것은 우리에게 능히 저들을 제압할 힘이 있을 때 가능한 것입니다. 저들의 위협이 무서워 억지로 조약을 맺으면, 이후 저들이 요구하는 것을 어찌 다 감당하시려고 합니까?"

　최익현은 뜻을 관철하기 위해 온 힘을 다했다.

　"저들은 자신들의 요구를 들어주지 않으면 분명 성을 내며 침략해 올 것입니다. 또 교역한다는 것도 저들에게만 유리한 일입니다. 우리는 땅에서 기르는 농산물이 다인데, 저들이 끝도 없이 만들어 내는 사치스러운 물건과 교역을 하면 누구에게 이득이 되겠습니까?"

최익현은 남의 나라에 의해 조선이 흔들리는 일이 있어서는 안 된다고 단호하고 강경하게 말했다. 그러는 사이 최익현 주변으로 신하들이 하나둘씩 모여들며 최익현을 추국˙시키라고 외쳤다. 그러나 최익현의 입을 막지는 못했다.

"만약 조약이 이루어져 그들이 이 땅에 들어오면 그들은 우리의 재산과 부녀자를 마음대로 취할 것입니다. 그들은 임진왜란 때 우리의 재물은 물론 우리 백성들의 코와 귀도 베어 간 자들이 아닙니까?"

신하들은 상소를 멈추지 않는 최익현을 끌어내려고 했지만, 최익현은 끝까지 버티려고 안간힘을 썼다.

"도리를 모르는 짐승 같은 사람들과 조약이란 있을 수 없는 일입니다. 그때를 생각하면 제 마음이 너무 아파서 눈물이 쏟아집니다. 그런데 어찌 그들과 조약을 맺으려 하시는 겁니까?"

최익현은 간신히 말을 이어 가다 옆에 둔 도끼를 보았다.

"전하, 개항에 찬성하는 자들은 나라를 팔아먹고 짐승을 끌어들

● 추국 임금의 특명으로 죄인을 신문함.

여 이 나라를 해치려는 사람들입니다. 만약, 제가 올린 상소가 옳지 않으면 이 도끼로 제 머리를 내리쳐 주십시오. 저에게 죽음을 내리신다면 조정의 큰 은혜로 여기겠습니다."

최익현은 마지막 말을 눈물로 호소했다. 하지만 그의 뜻은 이루어지지 않았다.

조선의 문을 여는 '강화도 조약'은 체결되었고 최익현은 도끼 상소를 올린 벌로 머나먼 흑산도로 유배를 갔다. 척박한 그곳에서 삼 년 동안 귀양살이를 한 뒤에야 고향으로 돌아왔다. 최익현은 나랏일을 잊고 농사를 지으며 남은 생을 보낼 생각이었다. 그러나 외세에 시달리는 나라를 보면서 농사만 짓고 있을 수는 없었다. 시간이 갈수록 나라가 위태로워질 게 분명히 보였다. 게다가 가까이에서 지켜본 고종은 결단력이 부족하고 큰일을 판단하는데 부족한 면이 있었다. 걱정을 떨칠 수 없었던 최익현은 조금이나마 힘을 보태고 싶어 다시 상소를 올리기로 했다.

오늘날 나라가 외세에 시달리는 화를 입게 된 것은 임금의 유약함 때문이며 백성의 원망을 모른 척한 데서 온 것입니다. 아첨을 좋아하고 정직을 좋아하지 않으며……

최익현은 왕에게 감히 하기 어려운 쓴소리를 했다. 그런데 고종은 언짢아하기는커녕 오히려 최익현에게 정사를 도와 달라고 청했다. 나라를 위하는 마음이 그 누구보다 큰 신하임을 알고 있었기 때문이다. 하지만 최익현은 받아들이지 않았다.

"전하의 청은 받아들일 수 없습니다. 일본과의 조약 체결에 동의했던 사람들이 지금 조정에 남아 있는데 제가 어찌 그들과 정사를 논할 수 있겠습니까?"

최익현은 다시 조정에 나가진 않았지만 나라 상황에는 신경을 곤두세우고 있었다. 일본의 영향력이 점점 커지는 것이 무엇보다 문제였다. 그러다 곧 크나큰 사건이 터지고 말았다. 러일 전쟁에서 승리한 일본이 강제로 을사늑약˚을 체결해 외교권까지 빼앗으려 한 것이다.

"나라가 사느냐 죽느냐의 기로에 서 있군. 더는 기다릴 수 없어. 나라를 바로 세워야 해!"

최익현은 이를 악물고 국권을 지키기 위해 의병을 일으키기로 했다. 곧장 각 도에 포고문을 써 붙였다.

● 늑약 억지로 맺은 조약.

우리는 일본에 저항한다! 우리의 외교권을 보장하라!

최익현은 외세에 시달리고 있는 지금이야말로 난세임을 알리며 나라를 위해 모두 나서서 싸워 줄 것을 외쳤다. 그러자 의병이 수백 명이나 모여들었다.

일흔네 살 고령의 최익현은 이들을 이끌고 관군과 일본군을 향해 맞서 싸웠다.

"전진하라! 조선을 지켜 내야 한다!"

하지만 의병들은 거대한 세력을 이겨 낼 수 없었다. 최익현은 일본 땅인 대마도에서 유배 생활을 해야만 했다. 최익현은 왜 벌을 받아야 하는지 이해할 수가 없었다.

"도대체 국권을 찾겠다는 게 왜 죄가 되는지 말해 보시오. 백성이 자기 나라의 자주성을 찾겠다는 게 뭐가 잘못됐는지! 어서 말씀해 보시오!"

최익현은 유배지에 가서도 뜻을 굽히지 않았고, 물 한 모금 밥 한 술도 먹지 않았다.

"차라리 죽겠소! 죽으면 죽었지, 일본 땅에서 나온 곡물로 배를 채우지는 않을 것이오!"

최익현은 기력이 약해져 있는 상태에서도 나라를 걱정하는 마음만큼은 더 굳건해졌다.

단식은 계속 이어졌다. 그 와중에 대마도주는 최익현에게 일본식으로 머리를 자를 것을 요구했다. 물론 최익현은 듣지 않았다.

고종은 뒤늦게 이 소식을 접하고 최익현에게 단식을 중단하라고 명했다. 비록 모든 일에서 고종의 편에 선 신하는 아니었지만, 조선을 위해 바르다고 생각한 것을 주저하지 않고 말했던 사람으로, 고종에게는 힘이 되는 신하였다.

그러나 고령에 고초를 겪고 단식까지 한 최익현은 버틸 기력이 남아 있지 않았다. 결국 일흔다섯 살에 세상을 떠나고 말았다.

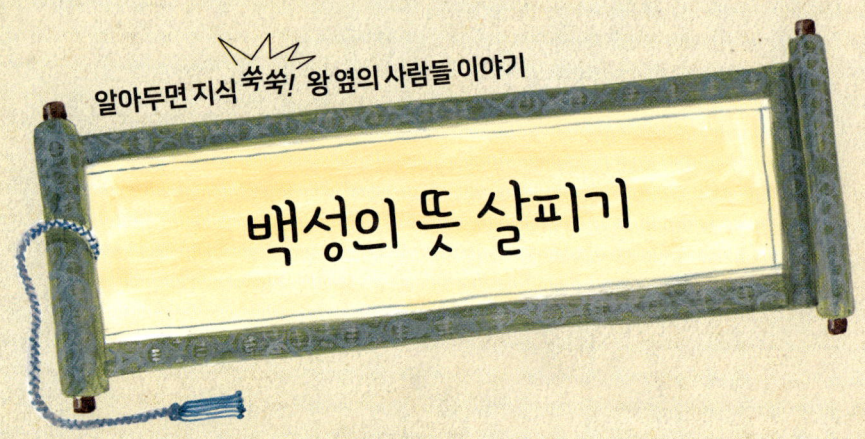

알아두면 지식 쑥쑥! 왕 옆의 사람들 이야기

백성의 뜻 살피기

 백성의 뜻 살피기

임금은 하늘의 뜻을 받들어 백성들을 다스린다고 해. 이는 백성의 뜻이 곧 하늘의 뜻이라는 의미야. 임금은 백성들을 다스리지만, 백성들의 뜻을 거슬러서는 안 되는 거지.

그렇다면 궁궐에서 주로 머무는 임금은 어떻게 백성들의 뜻을 알 수 있을까? 가장 대표적인 방법은 관리들을 통해 전해 듣는 거야. ==조선 시대 사헌부, 사간원, 홍문관 등 언론기관이 이 역할을 했어.== 이곳 관리들은 백성을 대신해 임금의 잘못을 지적하고 바로잡을 것을 요구했어. 임금으로서는 썩 반가운 일이 아니었겠지만, 제도적으로 관리들의 쓴소리를 들어야 했어.

==언론기관의 관리들은 임금의 미움을 받아 처벌받는 경우도 많았어.== 하지만 임금을 바르게 이끄는 것이 곧 나라를 바로 세우는 일이라는 사명감으로 백성들의 뜻을 전했지.

 **글을 통해 임금을 만나다**

임금에게 글을 올려 백성의 뜻이나 임금의 잘못된 점을 전하는 것을 상소라고 해. 상소는 언론기관의 관리뿐 아니라 누구라도 올릴 수 있었어. 상소문을 써

서 올리면 비서실이라고 할 수 있는 승정원을 통해 임금에게 전달돼. 모든 상소문을 임금이 직접 읽어 볼 수는 없지만, 그 중 중요한 상소문은 임금이 챙겨서 보고 답을 내려 주지.

상소는 혼자가 아닌 여러 명이 뜻을 합쳐 내기도 해. 만인소라고 해서 만 명이나 되는 사람이 같이 뜻을 모아 상소를 내기도 했어. 최익현처럼 도끼 상소를 하는 경우도 있어. 도끼 상소는 말 그대로 도끼를 등에 진 채 상소문을 내고 궐 앞에 꿇어앉아 있는 거야. 상소의 뜻을 받아들이지 않을 거라면 자신의 목을 치라는 강력한 의지의 표현이지.

 ### 글 모르는 백성들을 위한 격쟁

옛날에는 공문서를 한문으로 썼기 때문에 한문을 모르면 상소를 올리기 어려웠어. 그렇다고 임금에게 자신의 의사를 전달할 길이 없었던 것은 아니야.

임금의 행차 때 징이나 꽹과리를 두드려 임금님에게 할 말이 있다는 것을 알릴 수 있었지. 물론 임금 앞에서 소란을 피웠으니까 형식적으로 곤장을 맞긴 했지만 그래도 직접 임금에게 억울한 사정을 전달할 수 있었어. 이를 격쟁이라 해.

임금이 먼저 적극적으로 백성의 뜻을 묻기도 했지. 세종은 세금 제도를 고치면서 무려 17만 명이나 되는 백성들의 여론을 조사했어. 세계적으로도 유례가 없는 일이었지. 영조도 여론이 궁금할 때는 직접 궁궐 밖으로 나가 백성들을 만났어. 세종과 영조처럼 임금이 백성의 뜻을 하늘의 뜻으로 여길 때 백성들 역시 임금을 하늘처럼 여겼을 거야.